▶ 知识产权专业职称考试辅导用书

知识产权专业职称考试辅导用书
〈知识导引〉 高级

陈 燕 / 主编

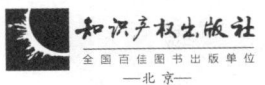

图书在版编目（CIP）数据

知识产权专业职称考试辅导用书·知识导引：高级/陈燕主编.—北京：知识产权出版社，2020.7
ISBN 978-7-5130-7029-4

Ⅰ.①知… Ⅱ.①陈… Ⅲ.①知识产权法—中国—资格考试—自学参考资料 Ⅳ.①D923.4

中国版本图书馆 CIP 数据核字（2020）第 114308 号

内容提要

本书是根据高级知识产权专业职称考试辅导用书对应编写的辅导资料，对应辅导用书，将其中的知识点一一梳理，使考生能够更好地掌握考试教材中的知识内容。本书的主要内容包括知识产权基础、专利申请、专利保护、专利运用、商标基础、商标使用、注册商标专用权的保护、著作权、地理标志、商业秘密、其他类型的知识产权等。

本书适用于参加知识产权专业职称考试（高级）的考生、知识产权行业工作人员、科研人员、企事业单位相关人员等。

责任编辑：张利萍　程足芬　　　　责任校对：谷　洋
封面设计：博华创意·张冀　　　　　责任印制：刘译文

知识产权专业职称考试辅导用书·知识导引（高级）
陈　燕　主编

出版发行：	知识产权出版社有限责任公司	网　　址：	http://www.ipph.cn
社　　址：	北京市海淀区气象路 50 号院	邮　　编：	100081
责编电话：	010-82000860 转 8387	责编邮箱：	65109211@qq.com
发行电话：	010-82000860 转 8101/8102	发行传真：	010-82000893/82005070/82000270
印　　刷：	三河市国英印务有限公司	经　　销：	各大网上书店、新华书店及相关专业书店
开　　本：	787mm×1092mm　1/16	印　　张：	14.25
版　　次：	2020 年 7 月第 1 版	印　　次：	2020 年 7 月第 1 次印刷
字　　数：	304 千字	定　　价：	60.00 元
ISBN 978-7-5130-7029-4			

出版权专有　侵权必究
如有印装质量问题，本社负责调换。

编写组

主　编　陈　燕

副主编　谢小勇　孙张岩

主要撰稿人

第一章：董　涛　张健佳

第二章：李永红　孙　琨

第三章：谢小勇　寿晶晶

第四章：陈　燕　孙　玮

第五章：孙张岩　杨国名

第六章：孙张岩　彭家新

第七章：孙张岩　崔　倩

第八章：易继明

第九章：谢小勇　孙　玮

第十章：马一德　于海江

第十一章：谢小勇　方　波

统稿人　孙　玮　王丽丽

审稿人　李芬莲　张健佳

前 言
INTRODUCTION

2019年6月，人力资源和社会保障部印发《关于深化经济专业人员职称制度改革的指导意见》，明确提出在经济师系列中增设知识产权专业职称。知识产权从业人员第一次有了属于自己的职称名称——知识产权师。这是知识产权领域职称工作的一项重大改革，对于发挥好人才评价的"指挥棒"作用，加强知识产权专业人才队伍建设，促进知识产权治理体系和治理能力现代化，推进创新型国家建设和经济社会高质量发展具有深远而重要的意义。

2019年11月以来，在国家知识产权局人事司的带领下，中国知识产权研究会组织有关专家，开展了经济专业技术资格考试知识产权专业科目考试大纲制定以及初级、中级考试用书的编写等相关工作。2020年3月，《经济专业技术资格考试知识产权专业知识与实务》初级、中级和高级考试大纲正式发布，引发知识产权从业人员高度关注。为帮助广大应试人员了解掌握知识产权专业技术资格考试的基础知识、把握考试重点、攻克考试难点，提高复习效率，中国知识产权研究会联合相关专家完成了《知识产权专业职称考试用书·知识导引》等书目的编写工作。

本书紧紧围绕《经济专业技术资格考试高级经济实务（知识产权）考试大纲》和《高级知识产权专业职称考试辅导用书》，结合高级考试测查应试人员"是否理解知识产权专业理论原理，掌握专业工作方法和专业技术，了解专业相关法律、规范（规定），以及是否具有运用上述知识从事知识产权专业实务工作，科学、合理地创造、运用、保护、管理知识产权的能力"的考试要求，将知识产权专业职称考试（高级）所需要了解、理解、熟悉和掌握的知识要点进行了全面提炼、系统梳理和形象展示，以帮助广大考生更为快速理解、掌握和贯通考试的知识点。全书简明扼要，图文并茂，是广大考生快速把握考试要求、熟悉领会知识要点的良好帮手。

本书的编写得到了国家知识产权局廖涛副局长、周晖国副局长、人事司王岚涛司长、丰兆龙副巡视员的大力支持和指导，在此表示衷心的感谢。本书的编写还得到了国家知识产权局条法司、战略规划司、知识产权保护司、知识产权运用促进司、公共服务司等部门的大力支持与帮助，在此深表谢意。此外，国家知识产权局人事司综合业务处郭新志处长、王亚琴副处长、陈君竹副调研员等同志对本书的编写提出了许多有益的意见和建议，在此深表感谢。中国知识产权研究会综合部孟睿、董美娜等同志也在本书编写过程中提供了许多帮助和支持，在此一并表示感谢。

  由于时间仓促，水平有限，本书撰写过程中出现疏漏在所难免，希望广大读者批评指正并提供宝贵意见。后续我们将会根据真题和考情的具体状况适时完善和修订本书的内容。

编写组

2020 年 6 月

- 第一章　知识产权基础知识 …………………………………………………… 001
  - 一、基本内容框架 / 001
  - 二、主要知识点 / 003
  - 三、知识点解析 / 005

- 第二章　专利申请 ………………………………………………………………… 025
  - 一、基本内容框架 / 025
  - 二、主要知识点 / 026
  - 三、知识点解析 / 027

- 第三章　专利保护 ………………………………………………………………… 034
  - 一、基本内容框架 / 034
  - 二、主要知识点 / 035
  - 三、知识点解析 / 036

- 第四章　专利运用 ………………………………………………………………… 063
  - 一、基本内容框架 / 063
  - 二、主要知识点 / 064
  - 三、知识点解析 / 065

- 第五章　商标基础 ………………………………………………………………… 078
  - 一、基本内容框架 / 078

二、主要知识点 / 080
三、知识点解析 / 081

■ 第六章　商标使用 ··· 099
一、基本内容框架 / 099
二、主要知识点 / 100
三、知识点解析 / 101

■ 第七章　注册商标专用权的保护 ·· 110
一、基本内容框架 / 110
二、主要知识点 / 112
三、知识点解析 / 113

■ 第八章　著作权 ·· 134
一、基本内容框架 / 134
二、主要知识点 / 137
三、知识点解析 / 138

■ 第九章　地理标志 ·· 179
一、基本内容框架 / 179
二、主要知识点 / 180
三、知识点解析 / 181

■ 第十章　商业秘密 ·· 193
一、基本内容框架 / 193
二、主要知识点 / 194
三、知识点解析 / 195

■ 第十一章　集成电路布图设计、植物新品种及遗传资源等 ········ 200
一、基本内容框架 / 200
二、主要知识点 / 202
三、知识点解析 / 203

第一章 CHAPTER 1
知识产权基础知识

一、基本内容框架

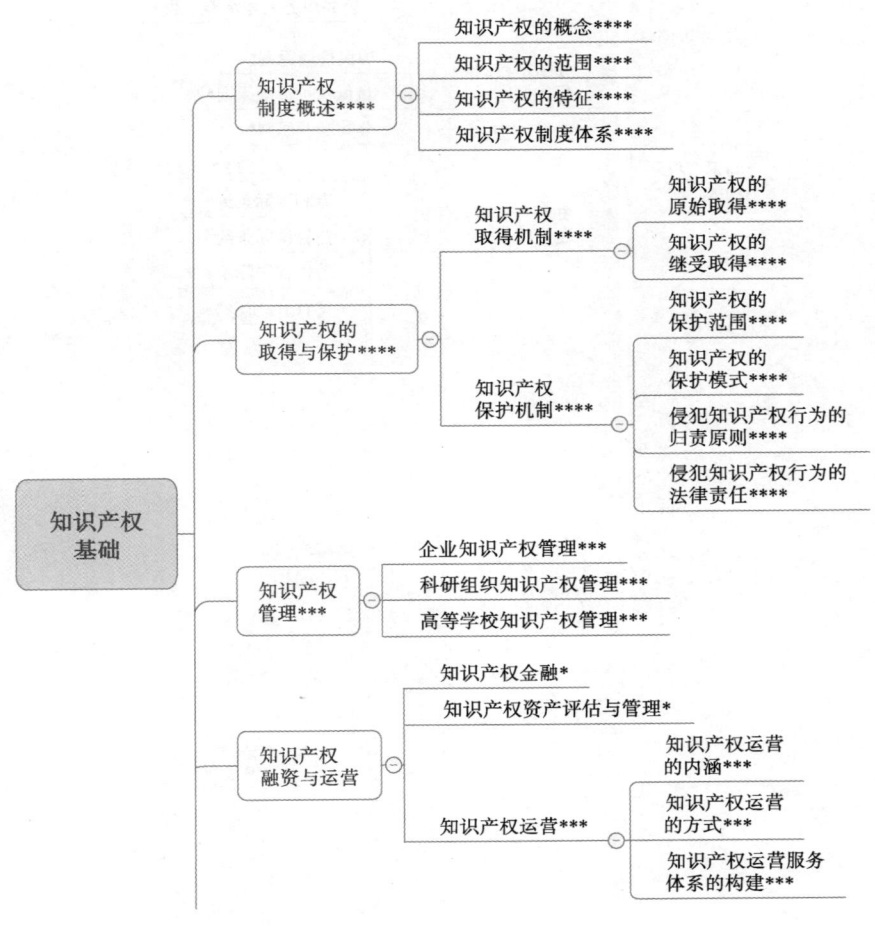

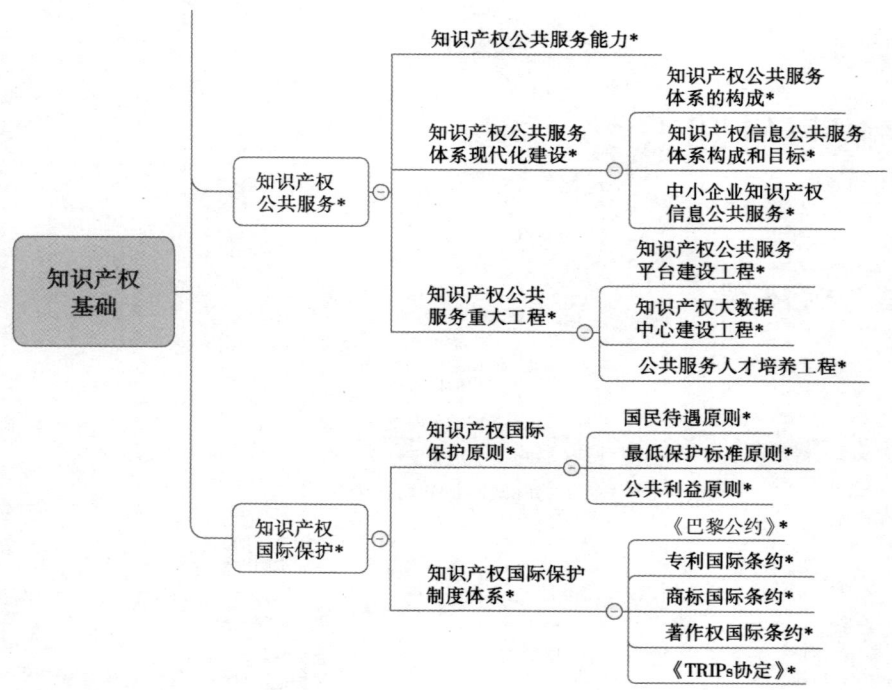

二、主要知识点

（一）掌握＊＊＊＊

1. 知识产权的概念
2. 知识产权的范围
3. 知识产权的特征
4. 知识产权制度体系
5. 知识产权的原始取得
6. 知识产权的继受取得
7. 知识产权的保护范围
8. 知识产权的保护模式
9. 侵犯知识产权行为的归责原则
10. 侵犯知识产权行为的法律责任

（二）熟悉＊＊＊

11. 企业知识产权管理
12. 科研组织知识产权管理
13. 高等学校知识产权管理
14. 知识产权运营的内涵
15. 知识产权运营的方式
16. 知识产权运营服务体系的构建

（三）了解＊

17. 知识产权金融
18. 知识产权资产评估与管理
19. 知识产权公共服务能力
20. 知识产权公共服务体系的构成
21. 知识产权信息公共服务体系构成和目标
22. 知识产权公共服务平台建设工程
23. 知识产权大数据中心建设工程
24. 公共服务人才培养工程
25. 中小企业知识产权信息公共服务

26. 国民待遇原则
27. 最低保护标准原则
28. 公共利益原则
29. 《巴黎公约》
30. 专利国际条约
31. 商标国际条约
32. 著作权国际条约
33. 《TRIPs 协定》

三、知识点解析

知识点一　知识产权的概念

■ 要求：掌握＊＊＊＊

概念	知识产权是人们对于自己的智力活动创造的成果和经营管理活动中的标记、商誉依法享有的权利
三个要点	知识产权是区别于传统所有权的另类权利，是产生于精神领域的非物质性的财产权
	知识产权是基于创造性智力成果和工商业标记所产生的权利
	知识产权是法定之权，其产生一般须由法律所认可
1986 年《民法通则》颁布后，开始正式通行"知识产权"的称谓	

知识点二　知识产权的范围

■ 要求：掌握＊＊＊＊

广义（列举法）	包括专利权、著作权及其邻接权、商标权、商号权、商业秘密权、地理标志权、集成电路布图设计权等各种权利	
	国际法	1967 年《成立世界知识产权组织公约》明确了知识产权的范围
		1994 年关贸总协定缔约方签订的《与贸易有关的知识产权协定》（以下简称《TRIPs 协定》）明确了知识产权的范围
	国内法	1986 年《民法通则》规定，知识产权包括著作权、专利权、商标权、发现权、发明权以及其他科技成果权
		2017 年《民法总则》规定，知识产权包括作品；发明、实用新型、外观设计；商标；地理标志；商业秘密；集成电路布图设计；植物新品种以及法律规定的其他客体
狭义	文学产权	包括著作权及其与著作权有关的邻接权，是关于文学、艺术、科学作品的创作者和传播者所享有的权利
	工业产权	包括专利权、商标权，是指工业、商业、农业、林业和其他产业中具有实用经济意义的一种无形财产权

知识点三　知识产权的特征

■ 要求：掌握＊＊＊＊

1. 知识产权的专有性

1）专有性的法律表现：

①知识产权为权利人所独占，没有法律规定或未经权利人许可，任何人不得使用权利人的知识产品。

②对同一项知识产品，不允许有两个或两个以上同一属性的知识产权并存。

2）与所有权专有性的区别：

①所有权的排他性表现为所有人排斥非所有人对其所有物进行不法侵占、妨害或毁损，而知识产权的排他性则主要是排斥非专有人对知识产品进行不法仿制、假冒或剽窃。

②所有权的独占性是绝对的，即所有人行使对物的权利，既不允许他人干涉，也不需要他人积极协助，在所有物为所有人控制的情况下，且无地域和时间的限制。知识产权的独占性则是相对的，这种垄断性权利往往要受到权能方面的限制，且其独占性只有在一定空间地域和有效期限内才发生效力。

2. 知识产权的地域性

①知识产权受到地域的限制，其效力只限于本国境内。这一特点有别于有形财产权。

②知识产品存在国际性需求与知识产权的地域性限制的矛盾。为了解决这一矛盾，各国先后签订了一系列保护知识产权的国际公约，成立了一些全球性或区域性的国际组织，在世界范围内形成了一套国际知识产权保护制度。

③知识产权的严格地域性受到挑战，主要表现在：跨国知识产权的出现；涉外知识产权管辖权与法律适用的发展。

3. 知识产权的时间性

①知识产权仅在法律规定的期限内受到保护，一旦超过法律规定的有效期限，这一权利就自行消灭，相关知识产品即成为整个社会的共同财富，为全人类所共同使用。

②时间性特点是知识产权与所有权的主要区别之一。

建立知识产权的目的在于采取特别的法律手段调整因知识产品创造或使用而产生

的社会关系,这一制度既要促进文化知识的广泛传播,又要注重保护知识产品创造者的合法利益,协调知识产权专有性与知识产品社会性之间的矛盾。

知识产权的上述特征,是与其他民事权利特别是所有权相比较而言的,是具有相对意义的概括和描述。这并不意味着各类知识产权都具备以上全部特征。从本质上说,只有客体的非物质性才是知识产权所属权利的共同法律特征。

知识点四 知识产权制度体系

■ 要求:掌握 * * * *

知识产权法的立法框架

1	知识产权的主体制度	知识产权的主体,是知识形态商品生产者和交换者在法律上的资格反映。什么人可以参加知识产权法律关系,享有何种权利或承担何种义务,是由国家法律直接规定的
2	知识产权的客体制度	知识产权的保护对象即知识产品是一种有别于动产、不动产的精神财富或无形财产,什么样的知识产品能够成为权利客体而受到保护,通常需要有法律上直接而具体的规定
3	知识产权的权项制度	知识产权是知识财产法律化、权利化的表观。由于知识产品的类型不同,其权利的内容范围也有所区别。除少数知识产权类型具有人身与财产的双重权能内容外,大多数知识产权即是知识财产权
4	知识产权的利用制度	知识形态商品关系的横向联系,即知识产品的交换和流通在法律上表现为知识产权的转让及使用许可等。法律承认文化交流、图书贸易、技术转让等各种流转形式,保护知识产品的创造者、受让者、使用者等各方的合法权益
5	知识产权的保护制度	知识产权的侵权与救济是知识产权保护制度的核心内容。知识产权法明文规定权利的效力范围,制裁各类直接侵权行为和间接侵权行为,并提供民事、行政及刑事的多种法律救济手段
6	知识产权的管理制度	知识产权的取得、转让及消灭,必须遵照法律的规定,并接受主管机关的管理。法律一般规定有相关管理机关的职责,并赋予其对有关知识产权问题进行行政调解、管理和处罚的权力

我国现行知识产权立法包括的法律制度

1	著作权法律制度	以保护创作者和传播者的专有权利为宗旨,其客体范围除一般意义上的作品外,还应包括民间文学艺术和计算机软件
2	专利权法律制度	以工业技术领域的发明创造成果为保护对象,其专有权利包括发明专利权、实用新型专利权、外观设计专利权

续表

3	工业版权法律制度	兼有著作权、专利权双重因素的新型知识产权，表现为集成电路布图设计专有权等
4	商标权法律制度	一种主要的工业产权法律制度，其保护对象包括商品商标和服务商标
5	商号权法律制度	对工商企业名称或字号的专用权进行保护的法律制度，其立法形式可采取单行法规形式，也可采取与商标权合并立法形式
6	地理标志权法律制度	以地理标志权为保护对象，禁止使用虚假地理标志的法律制度，其立法形式一般规定在反不正当竞争法中，也可制定单行法规
7	商业秘密权法律制度	以未公开的信息包括经营秘密和技术秘密为保护对象的法律制度，可以制定单行法规，亦可列入反不正当竞争法中
8	反不正当竞争法律制度	制止生产经营活动中不正当损害他人知识产权行为的专门法规，适用于各项知识产权制度无特别规定或不完备时需要给予法律制裁的侵害事实

知识点五　知识产权的原始取得

■ 要求：掌握＊＊＊＊

权利产生的法律事实包括两个方面	创造者的创造性行为
	国家机关的授权性行为
知识产权主体制度的身份原则具有两个特点	创造者的身份一般属于从事创造性智力劳动的自然人，但在有的情况下也可能归属于组织、主持创造活动并体现其意志或承担相应责任的法人
	创造者的身份既是智力创造性活动这一事实行为的结果，又是行为人取得知识产权的前提。在有关权益纠纷中，创造者身份的确认对判定权源、划分权属有着重要的意义

此外，在某些知识产权的原始取得中，如专利、商标，国家机关的授权行为是权利主体资格最终得以确认的必经程序。

知识点六　知识产权的继受取得

■ 要求：掌握＊＊＊＊

要点：

1）继受取得的分类：

①某类权利主体对其知识产品既享有财产权利又享有人身权利时，发生继受取得的权利只能是其中的财产权，即继受主体不能取得专属于创造者的人身权利。

②某类知识产权仅是不完全转让的，继受主体只能在约定的财产权项上享有利益。

③某类知识产权的转让同时在不同地域范围进行。

2) 知识产权权利价值的实现过程：创造—传播—使用。

3) 知识产权继受取得区别于所有权相关制度的社会意义：

知识产权所有人往往要借助他人的意思和行为来实现自己的利益。

知识点七　知识产权的保护范围

■ 要求：掌握＊＊＊＊

知识产权的保护范围：客体是无形财产，其保护范围要求法律给予特别规定。

①在保护范围内，权利人对自己的知识产品可以行使各种权利。

②超出这个范围，权利人的权利失去效力，不得排斥他人对知识产品的使用。

知识点八　知识产权的保护模式

■ 要求：掌握＊＊＊＊

我国知识产权保护模式采取"双轨制"：知识产权侵权纠纷发生后，权利人既可请求有关行政主管机关处理，也可直接向有管辖权的人民法院起诉。

知识产权行政保护的特点：及时性、灵活性，是打击侵权的必要环节。在私权理念下，对权利人的补救强调"损害填补"，权利人所受损害应得到及时、有效、全面的赔偿。

司法保护是主要的保护方式，其法律基础是一国司法的权威性和社会公信力。

知识点九　侵犯知识产权行为的归责原则

■ 要求：掌握＊＊＊＊

归责原则是责令侵权人承担责任的依据，侧重指损害赔偿之归责原则。

一元归责原则	主张适用过错责任原则	
二元归责原则	主张在采用过错责任原则的基础上补充适用其他归责原则	以无过错责任原则为补充原则
		以过错推定责任为补充原则

知识点十 侵犯知识产权行为的法律责任

■ **要求：掌握** * * * *

知识产权的保护形式包括民事、行政、刑事三种类型的救济措施。

1. 民事救济措施

<table>
<tr><td colspan="4">民事救济措施具有维护权利状态或对权利人所受损害给予补偿之作用</td></tr>
<tr><td rowspan="3">民事救济采取的主要方法</td><td>请求停止侵害</td><td colspan="2">由知识产品的特性所致，停止侵害是排除对权利人行使专有权利之“妨碍”，而不可能是制止对权利客体即知识产品之“侵害”</td></tr>
<tr><td rowspan="2">请求赔偿损失</td><td>按侵权人在侵权期间因侵权行为所得之利润计算</td><td rowspan="2">如权利人的实际损失和侵权人的非法所得不能确定的，则可以适用法定赔偿的有关规定，即由法官根据侵权行为的社会影响、侵权手段和情节、侵权时间和范围以及侵权人的主观过错程度，判决给予一定数额金钱的赔偿</td></tr>
<tr><td>按权利人在被侵权期间因被侵权所受到的损失计算</td></tr>
</table>

2. 刑事救济措施

<table>
<tr><td rowspan="2">《TRIPs 协定》对各缔约方作了最低要求的规定，其适用条件包括</td><td>侵权使用达到一定的商业规模</td></tr>
<tr><td>非法使用人主观上出于故意</td></tr>
<tr><td>我国《刑法》规定</td><td>侵犯商标权罪、侵犯专利权罪、侵犯商业秘密罪等各种犯罪行为</td></tr>
</table>

3. 行政救济措施

<table>
<tr><td rowspan="2">《TRIPs 协定》规定了海关中止放行制度</td><td rowspan="2">当受害人发现有侵权复制品经由海关进口或出口，则可向有关行政或司法机关提供书面申请和担保，由海关扣押侵权复制品，中止该类商品的放行</td><td>如海关查实被扣商品系侵权复制品，则予以没收</td></tr>
<tr><td>如扣押错误，则申请人应赔偿被申请人的合理损失</td></tr>
</table>

我国知识产权立法对知识产权保护采取了行政保护与司法保护的双轨制。

知识点十一 企业知识产权管理

■ **要求：熟悉** * * *

要点：

1. 重要性

企业知识产权管理是企业围绕知识产权的创造、运用、保护、管理、人才培养等活动实施的一系列的决策和活动。企业应建立知识产权管理体系并形成制度文件，实施、运行并持续改进，保持其有效性。

2. 规范文件

《企业知识产权管理规范》（GB/T 29490—2013）是结合企业知识产权管理实践编制而成的推荐性国家标准。

3. 关键环节

企业可根据要求，对知识产权进行全流程管理。

1）文件要求。
2）管理职责。
3）资源管理。
4）基础管理。
5）实施和运行。
6）审核和改进等。

知识点十二　科研组织知识产权管理

■ 要求：熟悉＊＊＊

要点：

1. 重要性

科研组织知识产权管理是科研组织管理的有机组成部分，是科研组织建设的重要内容。科研组织知识产权的规范化管理可以通过建立和实施知识产权管理体系来实现。

2. 规范文件

《科研组织知识产权管理规范》（GB/T 33250—2016）为科研组织提供了建立和运行知识产权管理体系的参考规范。

3. 关键环节

科研组织可根据要求，对知识产权进行全流程管理。

1）文件要求。
2）管理职责。
3）资源管理。
4）基础管理。

5）实施和运行。

6）审核和改进等。

知识点十三　高等学校知识产权管理

■ 要求：熟悉＊＊＊

要点：

1. 重要性

高等学校是科技创新的重要主体，知识产权管理是高等学校创新管理的基础性工作，也是高等学校科技成果转化的关键环节。

2. 规范文件

《高等学校知识产权管理规范》（GB/T 33251—2016）是为高校知识产权管理提供一套与知识产权制度相适应的、适合高校自身特点的知识产权管理体系的参考规范。

3. 关键环节

高等学校可根据要求，对知识产权进行全流程管理。

1）文件管理。

2）组织管理。

3）资源管理。

4）知识产权获取。

5）知识产权运用。

6）知识产权保护。

7）检查和改进等。

知识点十四　知识产权运营的内涵

■ 要求：熟悉＊＊＊

要点：

1. 定义

知识产权运营就是运用知识产权制度，经营知识产权权利，涵盖知识产权布局培育、转移转化、价值评估、投融资及作为竞争工具等各个方面，通过有效运营，实现知识产权价值最大化。

2. 基本理念

知识产权运营是知识产权运用的高级阶段。

1）强调发挥知识产权制度功能，实现知识产权制度价值。

2）强调知识产权的专业化运作和全链条运营。

3）强调将知识产权作为核心资产，嵌入创新全过程，进行全生命周期的经营，实现从知识产权布局、格局到结局的运营过程。

3. 核心关键

知识产权运营的关键是经营知识产权权利，即将知识产权作为一种现代产权加以全生命周期的经营，实现知识产权价值的最大化，以及经济、科技与社会等综合效益的最大化。

知识点十五　知识产权运营的方式

■ 要求：熟悉＊＊＊

要点：

知识产权运营的方式可归纳总结为四类。

1. 产业化

对知识产权直接进行转化实施或使用，提升生产效率、产品质量和品牌价值等，形成新产品、新服务，孕育新业态、新产业。

2. 商品化

将知识产权本身作为商品，开展知识产权交易、许可，实现知识产权资源的有效流转和优化配置。

3. 资本化

将知识产权与资本、金融服务相结合，包括知识产权质押、保险、投资基金、证券化等，挖掘和提升知识产权价值，支持企业发展，分散经营风险。

4. 战略化

创新主体利用知识产权的创新决策工具作用，建立创新研发的专利导航工作机制，开展知识产权前瞻性布局和培育，也包括将其作为竞争工具控制市场，遏制或防御竞争对手。

知识点十六 知识产权运营服务体系的构建

■ 要求：熟悉 * * *

要点：

1. 发展历程

2014年以来，国家知识产权局会同有关部门推动构建知识产权运营服务体系，主要经历了两个发展阶段。

1）2014—2016年，主要是打基础、搞试点。先后在有关省市开展了平台建设、机构培育、运营基金和风险补偿基金等一系列知识产权运营服务试点，提出了"平台+机构+资本+产业"四位一体的体系架构。

2）2017—2019年，主要是搞集成、建生态。分三批支持26个重点城市，向节点集中，将链条延伸，系统推进知识产权运营服务体系建设，打造知识产权运营高地。

2. 体系构成

1）平台是核心载体，集中供给知识产权运营公共服务，集聚项目和服务资源，集中交易行为，促进价格发现。

2）机构是基础力量，面向不同产业和技术领域，在运营链条的不同环节提供专业化服务，培育运营项目，搞活运营市场。

3）资本是重要媒介，促进知识产权融资，带动知识产权转化投资，分散知识产权运营风险。

4）产业是立足根本，厚植知识产权运营的产业基础，激发企业创新内生动力，培育高价值知识产权集群，提升产业竞争力。

知识点十七 知识产权金融

■ 要求：了解 *

要点：

1. 定义

知识产权金融是基于知识产权，促进创新成果产业化和知识产权价值实现的一系列金融工具与服务。

2. 知识产权金融参与主体

1）参与主体主要包括知识产权金融需求方、供给方、政府部门及相关中介机构。

2）政府部门出台知识产权金融政策和监管措施。

3）知识产权金融供给方在相关政策的引导下，为知识产权金融需求方提供金融支持。

4）中介机构包括担保机构、资产评估机构、信用评级机构以及会计师事务所等，搭建需求方与供给方的桥梁，减少信息不对称，加强互信，提高整体运行效率。

3. 主要形式

1）知识产权质押融资。

2）知识产权证券化。

3）知识产权保险。

4）知识产权信托。

5）知识产权投资基金。

知识点十八　知识产权资产评估与管理

■ 要求：了解 *

要点：

1. 定义

知识产权的价值资产评估是指资产评估机构及其资产评估专业人员根据委托对评估基准日特定目的下的知识产权资产价值进行评定和估算，并出具资产评估报告的专业服务行为。

2. 知识产权资产评估基本方法

1）重置成本法，即按照被评估知识产权的现实重置成本扣减知识产权的各种可能贬值因素来衡量知识产权价值的方法。

2）现行市价法，又叫市场法或价格比较法，即通过比较被评估知识产权与可比类似知识产权的异同，从而确定被评估知识产权价值的评估方法。

3）收益现值法，即基于预期原则及效用原则，估算被评估知识产权在其经济寿命周期内每年或每期可产生的预期收益，并将收益折算成现值确定被评估知识产权价值的方法。

知识点十九　知识产权公共服务能力

■ 要求：了解*

要点：

1）建立全国统一、多级互联的数据共享交换平台体系。

2）健全完善专利、商标、地理标志等不同类型知识产权的信息查询系统，提高标准化、便利化、规范化水平。

3）满足知识产权公共服务对象多层次、差异化的需求，形成有利于提升中国制造核心竞争力的知识产权公共服务模式。

知识点二十　知识产权公共服务体系的构成

■ 要求：了解*

要点：

1. 定义

知识产权公共服务体系是指以政府为主导，以提供基本而有保障的知识产权公共产品为主要任务，以全体社会成员分享知识产权创造、保护、运用成果为基本目标的一系列制度安排。

2. 内容

知识产权公共服务体系主要包括提供知识产权公共基础设施，完善知识产权保护运用监管体系和社会创新福利体系等。

3. 要素

构成要素包括知识产权公共服务制度框架、知识产权公共服务清单、知识产权公共服务实施机制等。

知识点二十一　知识产权信息公共服务体系构成和目标

■ 要求：了解*

要点：

1. 体系目标

2019年9月国家知识产权局印发了《关于新形势下加快建设知识产权信息公共服

务体系的若干意见》（国知发服字〔2019〕46 号），提出了知识产权信息服务工作的近期规划。

1）到 2022 年，基本建成主干清晰、门类多样、内容丰富的知识产权信息公共服务体系。

2）到 2025 年，全面建成覆盖广泛、层级合理、门类齐全、功能强大、服务规范的知识产权信息公共服务体系。

2. 体系构成

1）以国家知识产权大数据中心和知识产权公共服务平台为支撑，由国家或区域专业性信息公共服务节点的主干网络和社会化信息服务机构网点构成。

2）知识产权信息公共服务体系的主干网络，是由全国知识产权系统内从事知识产权信息公共服务的骨干服务机构组成的。各级知识产权管理部门所属知识产权信息公共服务机构，构成了知识产权信息公共服务的主干网络。

3）知识产权信息公共服务网点是由知识产权系统之外的高校、科研院所、图书情报机构、行业组织等相关知识产权信息服务机构以及从事知识产权公益服务的市场化服务机构组成的。

4）知识产权信息公共服务体系的服务对象囊括了政府部门、企业、高校科研机构、行业协会、知识产权相关机构以及社会公众等多种创新主体。

知识点二十二　知识产权公共服务平台建设工程

■ 要求：了解 *

要点：

1. 国家知识产权公共服务平台建设

1）建设国家知识产权公共服务平台，实现知识产权业务服务、政务服务和信息服务平台建设一体化。

2）知识产权公共服务的业务服务平台，实现商标、专利、地理标志等业务网上办理。

3）政务服务平台，对接国家统一政务服务平台和国家"互联网+监管"系统，实现政务服务智能化。

4）信息服务平台，以商标、专利登记簿为核心，与各部委及各地信息公共服务平台互联共享，提供数据开放、查询检索等基础服务。

2. 区域和行业知识产权信息服务平台建设

1）支持各类知识产权运营公共服务平台、行业或产业知识产权信息服务平台、科技信息服务平台等，与国家知识产权公共服务平台互联共享。

2）增强知识产权信息服务功能，面向企业、高校、科研院所、服务机构等不同对象开展多层次的信息公共服务。

3）加强各地知识产权数据中心和公共服务平台建设的统筹协调，推进各地建设差异化、特色化的知识产权数据中心、公共服务平台和专题数据库，推动各地横向互联共享，实现财政资金投入产出效益最大化。

知识点二十三　知识产权大数据中心建设工程

■ 要求：了解*

要点：

1. 重要性

知识产权信息的汇集中枢和传输枢纽，既是国家和地方知识产权信息公共服务平台的数据支撑，也是知识产权信息公共服务体系的网络支撑。

2. 建设目标

实现数据资源的统一性、基础性、权威性、安全性和共享性。

3. 主要内容

汇聚商标、专利、地理标志、集成电路布图设计等知识产权基础数据、国际交换数据和部委共享数据，与经济、科技、法律、文化等信息相互关联。

知识点二十四　公共服务人才培养工程

■ 要求：了解*

要点：

1. 重要性

知识产权公共服务人才事关知识产权公共服务的成败。

2. 主要内容

1）将知识产权公共服务人才培养纳入国家人才培养规划，推动知识产权信息公共服务人才纳入知识产权专业人员职称评定体系。

2）扩大高校、科研院所、图书情报机构、行业组织等网点单位的知识产权信息公共服务人才队伍。

3）加强知识产权公共服务能力培训，在全国范围内分级、分类培养人才，形成多层次、多渠道、宽覆盖的培训网络。

4）支持高校图书情报学科点培养知识产权信息分析专门人才。

5）支持高端知识产权信息服务专业化培训。

6）明确人才培养目标和培训机制，强化人才培养的针对性。

知识点二十五　中小企业知识产权信息公共服务

■ **要求：了解** *

要点：

1. 政策导向

积极发挥中小企业公共服务平台网络"窗口"平台贴近企业的优势，鼓励中小企业公共服务示范平台等为中小企业免费提供知识产权信息公共服务。

2. 主要内容

1）加大知识产权保护宣传与救济服务，增加中小企业专项支持。

2）支持各地建立中小企业知识产权预警机制，加强知识产权预警信息的收集发布，帮助中小企业提升知识产权维权能力。

3）积极引导高校、科研院所、图书情报机构、行业组织等服务网点单位，优化服务模式，开发适合中小企业需求的知识产权信息服务产品，助力中小企业技术创新。

4）完善知识产权救济与宣传体系，开展知识产权教育、维权、战略运营等工作。

5）鼓励支持中小企业进行知识产权能力建设、知识产权维权、知识产权防御等，为中小企业知识产权救济过程提供专业咨询、人才培训等具体支持。

知识点二十六　国民待遇原则

■ **要求：了解** *

要点：

1. 国民待遇原则

1）国民待遇原则是众多知识产权公约所确认的首要原则。其基本含义是指在知识产权保护方面，各缔约方（成员）之间相互给予平等待遇，使缔约方国民与本国国民享受同等待遇。

2）国民待遇包含两方面内容：

①各缔约方依本国法已经或今后可能给予其本国国民的待遇。

②各该条约所规定的特别权利，即各该条约规定的最低保护标准。

2. 最惠国待遇原则

这是《TRIPs协定》独有而其他相关国际公约未予涉及的一项原则。其基本含义是任何一个国家（不限于缔约方成员）的国民在一个成员所受到的而其他国家享受不到的待遇（包括任何利益、优惠、特权或豁免），都应当立即和无条件地给予其他成员的国民。

3. 国民待遇原则与最惠国待遇原则的区别

国民待遇原则意在给予外国人与本国人以同等待遇，解决的是"内外有别"的不平等待遇问题。

最惠国待遇原则意在给予其他外国人与特定外国人以同等待遇，解决的是"外外有别"的歧视性待遇问题。

知识点二十七　最低保护标准原则

■ 要求：了解 *

要点：

1）最低保护标准原则，是指各缔约方依据本国法对某条约缔约方国民的知识产权保护不能低于该条约规定的最低标准，这些标准包括权利保护对象、权利取得方式、权利内容及限制、权利保护期间等。

该项原则在《保护文学和艺术作品伯尔尼公约》（以下简称《伯尔尼公约》）第5条、第19条，《TRIPs协定》第1条等条款中均有体现。

2）最低保护标准原则是对国民待遇原则的重要补充。

①国民待遇原则基于各国经济、科技、文化发展不平衡的现状，承认各国知识产权制度的差异，从而保证了知识产权制度国际协调的广泛性和普遍性。

②为避免因制度差异而给国际协调带来的不利影响，国际公约遂规定了最低保护标准原则。

③最低保护标准原则旨在促使缔约方在知识产权保护水平方面统一标准。学者们将上述状况称为知识产权立法的"一体化"或"国际化"。

知识点二十八　公共利益原则

■ 要求：了解 *

要点：

1）公共利益原则，是指知识产权的保护和权利行使，不得违反社会公共利益，应保持公共利益和权利人利益之间的平衡。

2）公共利益原则既是一国知识产权制度的价值目标，也是知识产权国际保护制度的基本准则。

3）在传统的知识产权国际公约中，公共利益原则多通过知识产权限制的有关制度来体现。

《保护工业产权巴黎公约》（以下简称《巴黎公约》）第 5 条规定	强制许可制度
《伯尔尼公约》第 10 条规定	著作权合理使用制度
《世界知识产权组织版权条约》《世界知识产权组织表演与录音制品条约》（WPPT）（概称为"互联网条约"）均在序言中规定	有必要保持作者的权利与广大公众的利益尤其是教育、研究和获得信息的利益之间的平衡
《TRIPs 协定》在序言中明确知识产权保护制度所奉行的公共利益目标	（1）保护公共健康和营养 （2）促进对其社会经济和技术发展至关重要的部门的公共利益

知识点二十九　《巴黎公约》

■ 要求：了解 *

国际知识产权条约分类

提供实质性知识产权保护的条约	《巴黎公约》《伯尔尼公约》《保护录音制品制作者防止未经许可复制其录音制品公约》
便于在多国获得知识产权保护的条约	《专利合作条约》《商标国际注册马德里协定》《国际承认用于专利程序的微生物保存布达佩斯条约》（以下简称《布达佩斯条约》）
建立相关国际分类的条约	《商标注册用商品与服务分类尼斯协定》《建立商标图形要素国际分类维也纳协定》（以下简称《维也纳协定》）

要点：

1）是知识产权领域第一个世界性的多边条约。

2）保护范围：发明、实用新型、外观设计、商标、服务标记、厂商名称、货源标记或原产地名称以及制止不正当竞争。

3）基本原则：

①国民待遇原则。

②优先权原则。

③共同遵守的规定。

知识点三十　专利国际条约

■ 要求：了解*

要点：

1.《专利合作条约》

1）宗旨：通过简化国际专利申请的手续和程序，加快技术信息的传递和利用，强化对发明创造的法律保护，促进各缔约方的科技进步和经济发展。

2）规定的手续和程序：

①统一申请。

②两个阶段：国际阶段和国内阶段。

2.《海牙协定》

1）宗旨：规定一件工业品外观设计在数个国家受到保护的必要手续，避免各国国家知识产权局保存和登记注册程序的重复，同时可以减轻申请人费用开支的负担。

2）规定的有关内容：申请人如果要在成员方国内获得工业品外观设计的保护，只需在世界知识产权组织国际局进行一次保存即可。

知识点三十一　商标国际条约

■ 要求：了解*

要点：

1.《商标国际注册马德里协定》（以下简称《马德里协定》）

1）《马德里协定》只对《巴黎公约》的成员方开放。我国于1989年10月正式成为该协定的成员方。《马德里协定》是对《巴黎公约》关于商标国际保护的补充。

2）主旨：解决商标的国际注册问题。

3）主要内容：凡成员方的国民，须在本国注册商标后，才可以向设在日内瓦的世界知识产权组织国际局申请国际注册。

2.《商标法条约》

1）主要目标：使各国商标注册制度更加简化和协调。

2）主要内容：规定了由三个阶段组成的商标注册程序：

①注册申请阶段。

②商标注册后的改变。

③注册的有效期。

3.《商标注册用商品与服务分类尼斯协定》（以下简称《尼斯协定》）

1）主旨：解决商标注册用的商品和服务统一的分类问题。

2）该协定按照商品或服务的用途、原料等，将商标注册用商品或服务项目分为若干个类别，目前，国际分类共包括45类，其中商品分为34类，服务项目分为11类。

知识点三十二　著作权国际条约

■ 要求：了解 *

著作权国际条约主要包括《伯尔尼公约》《世界版权公约》《保护表演者、录音制品制作者和广播组织罗马公约》（以下简称《罗马公约》）、《保护录音制品制作者防止未经许可复制其录音制品公约》（以下简称《录音制品公约》或《唱片公约》）、《发送卫星传输节目信号的布鲁塞尔公约》（以下简称《卫星公约》）。

1.《伯尔尼公约》

1）《伯尔尼公约》是世界上第一个著作权国际公约，我国于1992年10月加入该公约。

2）主要内容：

①基本原则：国民待遇原则、自动保护原则和独立保护原则。

②最低限度的保护规定：受保护作品、保护的权利内容和保护期限。

③对发展中国家的特殊规定。

2.《世界版权公约》

1）《世界版权公约》是与《伯尔尼公约》相并列的著作权公约，我国于1992年

10 月加入该公约。

2）主要内容：被《伯尔尼公约》所覆盖，且保护水平略低于后者。《世界版权公约》并未像《伯尔尼公约》那样详细列出受保护作品的种类，其客体范围的规定较为笼统，也未明确规定作者的人身权利，是否保护人身权利由各国立法决定；对财产权利也未详细列举，仅强调了复制权、表演权、广播权、翻译权等。

3.《罗马公约》

1）《罗马公约》是世界上第一个保护邻接权的国际公约，也是最早对表演者权利进行保护的国际公约，只对《伯尔尼公约》和《世界版权公约》的成员方开放，目前我国尚未加入《罗马公约》。

2）主要内容：该公约是关于邻接权保护的国际公约，该公约给予的邻接权保护将不改变也不影响文学、艺术作品的著作权保护。凡依据著作权法使用作品而需要取得作者许可时，这种许可不因《罗马公约》而受影响。

3）2012 年世界知识产权组织《视听表演北京条约》的通过，弥补了原有公约对表演者保护权项的不足，从而与《罗马公约》、WPPT 一起构筑了表演者权利的国际保护体系。

知识点三十三　《TRIPs 协定》

■ 要求：了解 *

要点：

1）地位：是《巴黎公约》建立知识产权国际协调机制以来，覆盖面最广且最具约束力的综合性知识产权条约。

2）特点：

①《TRIPs 协定》涵盖了几乎所有知识产权的相关主题。

②《TRIPs 协定》规范和扩展了缔约方的国际义务。

③《TRIPs 协定》强化了知识产权的执行机制与争端解决机制。

3）以《TRIPs 协定》生效为标志，知识产权制度进入了一个高水平保护、高效率推行的新阶段。

第二章 CHAPTER 2
专利申请

一、基本内容框架

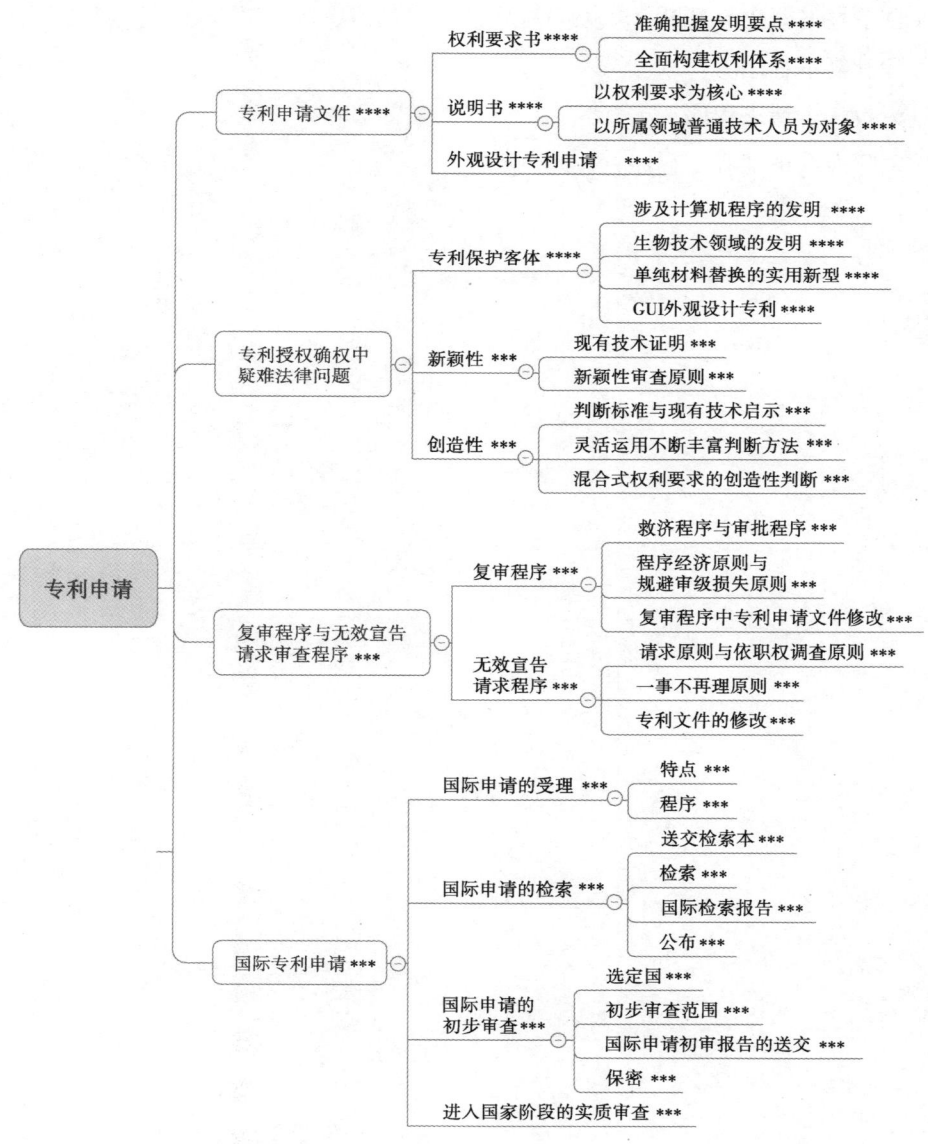

二、主要知识点

（一）掌握＊＊＊＊

1. 专利申请文件的撰写要求
2. 专利保护客体的判定

（二）熟悉＊＊＊

3. 新颖性的概念与判断
4. 创造性的概念与判断
5. 专利复审程序
6. 无效宣告请求程序
7. 国际专利申请各个程序

三、知识点解析

知识点一　专利申请文件的撰写要求内容

■ 要求：掌握＊＊＊＊

1. 准确把握发明要点

1）选择发明要点的基准是现有技术。

2）关联发明要点的关键是共同解决的问题。

3）挖掘发明要点是对可能出现的现有技术的预测。

2. 基于发明要点撰写权利要求

1）主线考虑：以主要解决问题为主线，以关联问题为分支。

2）层次考虑：基于掌握的现有技术确定最大范围，基于预测可能的风险逐层撰写权利要求。

3）类型考虑：根据发明要点的特性、相关市场竞争的模式选择便于维权的权利要求类型。

3. 说明书对权利要求的支持

1）以权利要求为核心撰写说明书。

2）以所属领域技术人员为基准描述技术方案。

4. 外观设计专利申请

（1）成套产品与组件产品

1）成套产品。在出售、使用、风格上各产品之间具有关联性，即习惯上同时出售或使用并具有组合使用价值且具有相同的设计构思；各个产品具有自身的使用价值。

在判断其是否与现有技术相同时，采用的是单独对比，即各个产品分别与现有技术对比。类似于发明与实用新型专利申请中的不同的独立权利要求。

2）组件产品。每个产品不具有独立的使用价值。

在判断其是否与现有技术相同时，采用的是整体对比，类似于发明与实用新型专利申请中同一权利要求中的不同组成部分。

3）既可以作为成套产品也可以作为组件产品。不同的选择各有利弊。在专利申请时，应当通过视图中的名称、标注以及简要说明明确保护类型的选择。

(2) 状态变化图与使用状态图

1) 状态变化图：对于状态可变的产品，出于对产品在不同状态下呈现的外观设计的考虑，可采用状态变化图。

使用状态图：仅用于说明产品使用状态，其性质类似于产品用途的表示。

2) 为避免在确权或维权中出现理解上的分歧。对这两种性质不同的表达，应当在附图上注明。

知识点二　专利保护客体的判定

■ 要求：掌握 * * * *

1. 涉及计算机程序发明客体判断

(1) 智力活动规则与技术方案

1)《专利法》第 25 条是以类型排除专利保护，排除的是智力活动规则与方法本身。

2) 如果一项权利要求在对其限定的全部内容中既包含智力活动的规则和方法的内容，又包含技术特征，则该权利要求就整体而言并不是一种智力获得的规则和方法，不应当依据《专利法》第 25 条排除其获得专利权的可能性。

3) 对于包含技术特征有可能属于技术方案的情况，不适于用简单的类型排除，而需要对方案进行整体分析、判断方可得出结论。

(2) 技术方案与技术特征

1) 技术方案判断要点：以共同的解决问题将不同特征关联为一个方案；是否为技术方案的关键在于方案与解决问题之间的因果关系是否符合自然规律。

2) 技术特征判断要点：在技术方案的语境下对其构成要素的一种描述性术语，本身并无法律意义上的定义，因而是否包含技术特征，不是判断技术方案的关键所在。

3) 同样，脱离与技术方案因果关系的整体判断，技术效果、技术问题也不具有独立的法律意义。

(3) 权利要求与技术方案

一项权利要求可能包括不止一个方案，通常有两种情形：包含多个并列的技术方案；混合的特征中包含不同方案，其中有技术方案也有非技术方案。

2. 生物技术领域的发明客体判断

(1) 动物、植物保护品种

1) 根据《专利法》第 25 条第 1 款第（四）项规定，动物和植物品种不得授予专利权。

2）动物品种概念所涵盖的范围不仅限于动物个体，还包括动物的胚胎干细胞、生殖细胞、受精卵、胚胎等；动物和植物品种的生产方法如果主要是非生物学方法，属于专利保护客体。

(2) 微生物

由于微生物不属于动物、植物，因而判断一种微生物是否属于专利保护客体，所依据的法律是《专利法》第 25 第 1 款第（一）项，即是否属于科学发现。判断的关键在于，该微生物不是仅仅被发现于自然界中，而是经过分离成为纯培养物并且具有特定的工业用途。

(3) 人体

涉及人体的生物技术是否属于专利保护客体，经常涉及《专利法》第 5 条，即是否违反法律、社会公德。比如，人体胚胎干细胞及其制造方法，依据《专利法》第 5 条均不能授予专利权。但是，人体 DNA 片段，其实质是一种化学物质，因此，涉及保护客体的法律条款是《专利法》第 25 第 1 款第（一）项，即是否属于科学发现。

3. 涉及单纯材料替换的实用新型

实用新型的保护客体是对产品的形状、构造或者其结合提出的技术方案。

形状、构造不包括微观形状与构造，因此一种对微观构造或形状改进的材料不属于实用新型保护的客体。

如果是在具有宏观结构的产品上应用微观结构已知的某种材料的产品改进方案，则仍属于实用新型保护客体；如果所应用的材料不是已知的材料，则意味着除在具有宏观结构的产品上采用新的材料外还包括有关新材料本身的方案，而后者不属于实用新型专利保护的客体。

4. GUI 外观设计专利

(1) 图案显示的动态性

GUI 外观设计专利保护涉及的第一个问题是，适用工业应用的产品外观设计是否包括在特定的条件下才能看到的图案。对此，问题的关键在于是否具有工业上的可再现性。

(2) 图像呈现载体与生成载体两分性

GUI 外观设计专利保护涉及的第二个问题是，作为呈现图像的载体与生成图像的载体是否必须为同一产品。确定外观设计保护范围应当以图片、照片表示的产品外观设计为准，而导致该外观设计生成的则完全可能是该产品之外的其他产品。

知识点三　新颖性的概念与判断

■ 要求：熟悉＊＊＊

新颖性中的相同概念：

1. 上位概念与下位概念

当权利要求用上位概念表达时，在现有技术公开了一个下位概念时，以上位概念表达的权利要求丧失了新颖性。反之，对于以下位概念表达的权利要求，现有技术仅仅公开了其共性，但并未公开其个性，因此不足以否定其新颖性。

对于并列选择多个下位概念，在新颖性判断时，需要分别判断各个选项所关联的方案的新颖性，因此，当现有技术公开其中之一时，并不影响其他并列选择的方案。但对于上位概念，则只能作为一个整体，就该整体所共有的特性进行新颖性判断。

2. 数值范围

若权利要求公开一个数值范围，而现有技术公开了位于该范围的某个数值，包括端点数值、中间数值或公开了位于其中的某个数值范围，都将影响权利要求的新颖性。数值范围可以修改，但新的数值范围需要得到说明书的支持。

3. 单独对比

单篇对比文件与单一技术方案：对于同样的发明创造的方案的比较，即便公开于同一对比文件，如果两个方案之间没有必然的唯一的关联，将其作为同一现有技术的方案评价新颖性是不当的。

马库什权利要求：马库什权利要求是指一个权利要求中限定多个并列的可选择要素，因而对应于多个并列的技术方案。在判断新颖性时采用多篇对比文件分别与马库什权利要求中不同的方案进行对比，不违反新颖性单独对比原则。

知识点四　创造性的概念与判断

■ 要求：熟悉＊＊＊

1. 整体判断原则

在审查权利要求时需要考虑所有技术特征。这是在集合意义上的整体判断。整体判断原则是功能意义上的整体判断，即从解决共同问题的关联作用上将相关的特征看作整体进行审查。

2. 三步法

三步法是判断创造性的常用方法，但不是唯一的判断方法。

3. 混合式权利要求

对于包含技术特征与非技术特征的权利要求，在判断创造性时，应当能够辨识其中哪些内容构成技术方案，以此作为判断创造性的基础。

知识点五　专利复审程序

■ 要求：熟悉＊＊＊

1. 复审程序的性质

复审程序规则体现了复审程序的两重性质：一方面是救济程序，另一方面又是审批程序的延续。

救济程序性质体现在：申请人有权对驳回决定提出复审请求；国家知识产权局有义务依复审请求理由进行审查；国家知识产权局仅针对复审请求理由进行审查，不进行全面审查。

审批程序的延续：规定了对明显实质性缺陷问题可以依职权审查。

2. 前置审查程序的性质

前置审查程序是复审程序的一个组成部分，它是指复审请求受理后，首先由作出驳回决定的原审查部门进行先期审查并将审查意见提供给国家知识产权局的程序。其性质为原审查部门与国家知识产权局之间的内部程序。国家知识产权局根据前置审查意见作出撤销驳回决定或进入合议审查的决定。

3. 复审程序中申请文件修改的限制

复审程序中申请文件的修改仅限于克服驳回决定指出的缺陷或复审通知书指出的缺陷的修改。不过，该规定主要是基于行政效率的考虑，与修改超出原说明书和权利要求记载范围的问题性质不同，因而不属于可以宣告专利权无效的理由。

知识点六　无效宣告请求程序

■ 要求：熟悉＊＊＊

1. 请求原则与依职权审查原则

无效宣告请求程序以请求原则为常态，以依职权审查为特定的方式。明确规定了七种情形属于可依职权审查的特定情形。

无效宣告请求程序中真正主动地依职权引入的理由或证据的情形只有一种，即明显不属于专利保护客体及公知常识，其余则是在无效请求人提出的理由或证据的前提下，对某些明显瑕疵的弥补措施。

2. 一事不再理原则

一事不再理原则是指，对已作出审查决定的无效宣告案件涉及的专利权，以同样的理由和证据再次提出无效宣告请求的，不予受理和审理。

同样的证据不是指物理实体意义上的同一证据，如同一份对比文件，而是指内容意义上相同的内容是否已经纳入在先无效宣告请求的审查范畴。

3. 专利文件修改限制

1）修改限制原则，其中包括：不得改变权利要求的主题名称；不得扩大授权的权利要求的保护范围；不得超出原说明书和权利要求书记载的范围以及一般不得增加未包含在授权的权利要求书中的技术特征。

2）修改方式的限制，其中包括：权利要求的删除、技术方案的删除以及除删除之外的方式。

3）在满足修改限制原则的前提下，修改方式的限制主要与程序规定相关。即仅在首次面对新的无效理由或证据的情形下，专利权人可以在答复期限内采取非删除方式修改权利要求。其中包括：针对无效宣告请求书的答复；针对国家知识产权局引入的无效宣告请求理由或者证据的答复。

需要注意的是，专利文件的修改方式对于无效请求人举证期限没有影响。与此不同的是，专利权人提出反证对于无效请求人的举证期限将增加一次针对该反证的举证机会。

知识点七　国际专利申请各个程序

■ 要求：熟悉＊＊＊

1. 国际阶段各程序的特点

（1）国际受理程序

以一种语言、向一个国际受理局提交一份申请文件、缴纳一笔申请费即可获得在所有指定国有效的一个国际申请日。

（2）国际检索程序

国际检索是国际申请必经的程序。检索报告对于各指定国的专利审查具有重要的参考作用。

（3）国际初步审查程序

国际初步审查程序属于选择性程序。

2. 国家阶段实质审查的法律依据选择

在国际专利申请进入国家阶段后的实质审查中，一些涉及程序处理的规定，如果 PCT 及其实施细则中有明确规定的，应当优先适用。

在有些情形下，根据 PCT 有关规定间接得出唯一解释的，应当依此解释审查。比如，中国《专利法》规定，申请文件以中文文本为具有法律效力的文本。但是，由于国际专利申请是以国际申请日时提交的申请文本为具有法律效力的文本，因此，在进入国家阶段后提交的中文译本出现错误时，应当以国际申请日时提交的文本为准进行修改。

PCT 对授予专利权的实质条件没有限制各国的作用，仅对国际阶段的审查有效。

第三章 CHAPTER 3
专利保护

一、基本内容框架

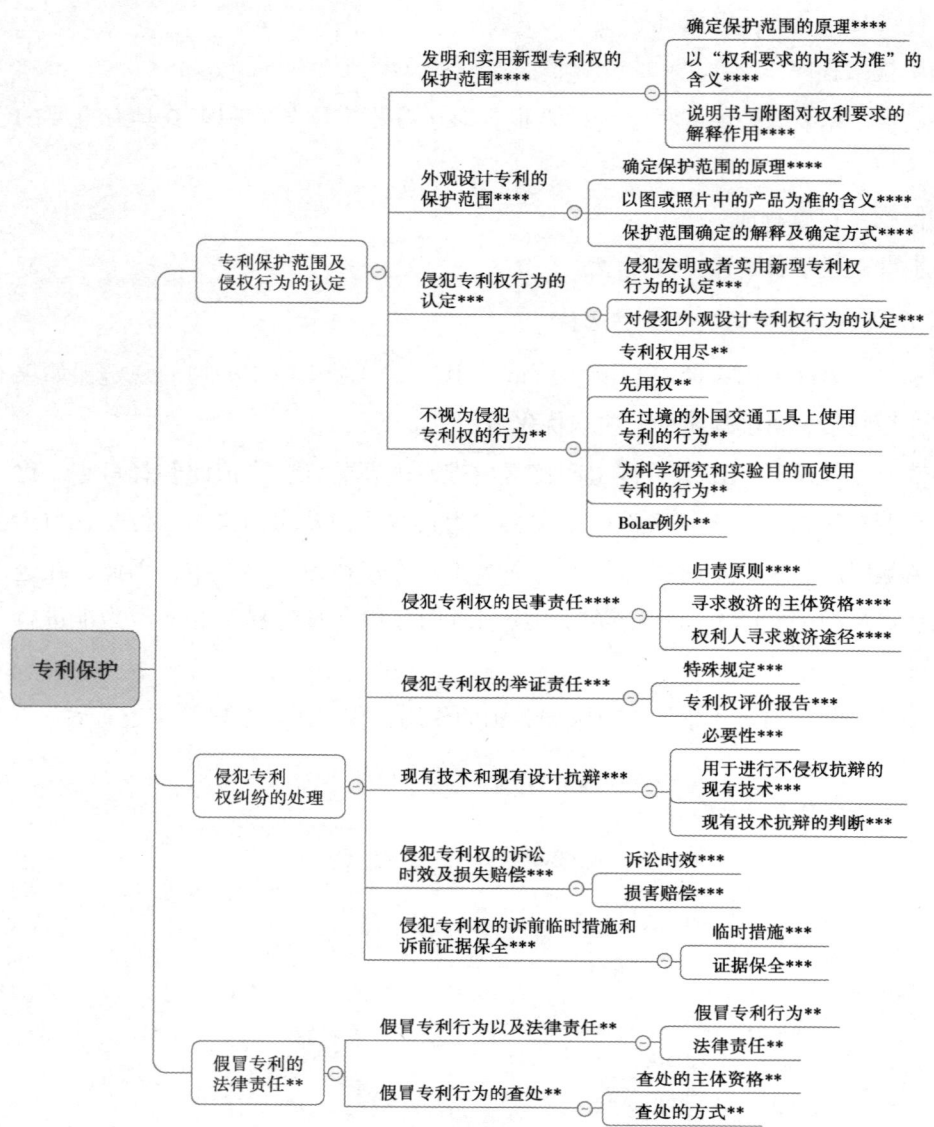

二、主要知识点

（一）掌握＊＊＊＊

1. 发明和实用新型专利权的保护范围
2. 外观设计专利的保护范围
3. 侵犯专利权行为的认定
4. 侵犯专利权的民事责任
5. 假冒专利行为以及法律责任

（二）熟悉＊＊＊

6. 侵犯专利权的举证责任
7. 现有技术和现有设计抗辩
8. 侵犯专利权的诉讼时效及损失赔偿

（三）了解＊＊

9. 不视为侵犯专利权的行为
10. 侵犯专利权的诉前临时措施和诉前证据
11. 假冒专利行为的查处

三、知识点解析

知识点一　确定保护范围的原理

■ 要求：掌握＊＊＊＊

权利要求的基本属性：一项权利要求所记载的技术特征数目越少，则该权利要求所确定的保护范围就越大；反之则越小。

权利要求的基本规则：在确定发明或者实用新型专利权的保护范围时，需要将特征部分记载的技术特征与前序部分记载的技术特征综合考虑。

从属权利要求所确定的保护范围必然落入其引用的权利要求所确定的保护范围之内。一项从属权利要求所要求保护的是由其所引用的那项权利要求的全部技术特征以及该从属权利要求的限定部分附加的技术特征共同限定的技术方案。

知识点二　以"权利要求的内容为准"的含义

■ 要求：掌握＊＊＊＊

1. 专利权人有选择某一项权利要求为准的权利

"以权利要求的内容为准"，是指以专利权人主张的那一项权利要求的内容为准。专利权人提出专利侵权指控的，有选择以权利要求书中的某一项权利要求为准来确定其保护范围的权利，人民法院和管理专利工作的部门不应强迫专利权人只能以其独立权利要求为准主张其权利。

2. 专利权的保护类型由权利要求确定

不同类型专利权的法律效力差别很大。在审理或者处理专利侵权纠纷案件时，执法机关首先应当认定专利权的类型。根据《专利法实施细则》第21条和第22条的规定，一项权利要求（不论是独立权利要求，还是从属权利要求）必须在开头部分写明要求获得保护的技术方案的主题名称。权利要求的主题名称要么是一种产品，要么是一种方法，两者只能选择其一，不允许采用模棱两可的表达方式。判断专利权的类型所依据的不是权利要求中记载的各个技术特征的属性，而是权利要求的主题名称。

3. 权利要求中记载的技术特征

全部技术特征原则（全面覆盖原则）：判定被诉侵权技术方案是否落入专利权的保

护范围时，应当审查权利人主张的权利要求所记录的全部技术特征。被诉侵权技术方案包含与权利要求记载的全部技术特征相同或者等同的技术特征的，应当认定其落入专利权的保护范围；被诉侵权技术方案的技术特征与权利要求记载的全部技术特征相比，缺少权利要求记载的一个以上的技术特征，或者有一个以上技术特征不相关也不等同的，应当认定其没有落入专利权的保护范围。该原则规定了"等同侵权"，同时也对其认定施加必要的限制。

对权利要求的解释方式不应使公众无法以合理的确定性预计权利要求的保护范围。在专利权保护范围的问题上，既要为专利权人提供充分有效的保护，又要确保法律的确定性，维护公众的利益，两者不可偏废。

知识点三　说明书与附图对权利要求的解释作用

■ 要求：掌握＊＊＊＊

《专利法》第59条第1款规定，"说明书及附图可以用于解释权利要求书"，"可以"一词表明并非仅仅只能用说明书和附图来解释权利要求。根据美国的专利实践，解释权利要求的依据有内在证据和外在证据之分。所谓"内在证据"，除了说明书和附图之外，还包括权利要求书中的其他权利要求和专利审批档案；所谓"外在证据"，包括辞典（尤其是专业技术辞典）、技术工具书（尤其是技术手册、技术标准）、教科书、百科全书、专家证言等。

《最高人民法院关于审理侵犯专利权纠纷案件应用法律若干问题的解释》第3条规定："人民法院对于权利要求，可以运用说明书及附图、权利要求书中的相关权利要求、专利审查档案进行解释。说明书对权利要求用语有特别界定的，从其特别界定。以上述方法仍不能明确权利要求含义的，可以结合工具书、教科书等公知文献以及本领域普通技术人员的通常理解进行解释。"上述规定明确表明解释权利要求应当优先考虑内在证据，必要时才考虑外在证据。

《专利法》第33条严格限制申请人对原始提交的技术方案进行修改，不允许修改超出原申请文件记载的范围；但是对说明书的发明目的部分而言，国家知识产权局允许申请人在审查过程中依据后来发现的更为相关的对比文献来适当调整原先记载的发明要解决的技术问题。说明书中记载的发明要解决的技术问题或者说发明目的不应当对专利侵权判断的结论产生决定性影响。

权利要求记载的技术方案才是对专利权保护范围的确定起决定作用的内容。

知识点四　外观设计专利的确定保护范围的原理

■ 要求：掌握＊＊＊＊

外观设计专利的保护客体不是产品本身，而是由产品的形状、图案、色彩等设计要素构成的该产品的外观设计，产品只是外观设计的载体。在确定外观设计专利权的保护范围时，不能脱离采用该外观设计的产品。首先，产品的形状是外观设计的重要组成要素，而形状与产品是紧密关联、不可分离的，脱离了产品就谈不上形状；其次，图案、色彩在产品上的分布和配置方式也是外观设计的重要组成要素，也不能脱离产品予以考虑。因此，尽管严格地说外观设计专利权的保护客体不是产品本身，而是其外观的设计方案，产品只是外观设计的载体，但是外观设计并不能脱离其载体而单独存在。另外，对"该产品"的理解也不应仅限于完全相同的产品，在其他产品上采用相同或者实质上相同的外观设计，仍然有可能会被认定为落入外观设计专利权的保护范围之内。

《最高人民法院关于审理侵犯专利权纠纷案件应用法律若干问题的解释》（以下简称《解释》）第8条规定，在与外观设计专利产品相同或者相近种类的产品上，采用与授权外观设计相同或者近似的外观设计的，人民法院应当认定被诉侵权设计落入《专利法》第59条第2款规定的外观设计专利权的保护范围。《解释》第9条规定，人民法院应当根据外观设计产品的用途，认定产品种类是否相同或者相近。确定产品的用途，可以参考外观设计的简要说明、国际外观设计分类表、产品的功能以及产品销售、实际使用的情况等因素。《解释》第10条规定，人民法院应当以外观设计专利产品的一般消费者的知识水平和认知能力，判断外观设计是否相同或者近似。《解释》第11条规定，人民法院认定外观设计是否相同或者近似时，应当根据授权外观设计、被诉侵权设计的设计特征，以外观设计的整体视觉效果进行综合判断；对于主要由技术功能决定的设计特征以及对整体视觉效果不产生影响的产品的材料、内部结构等特征，应当不予考虑。下列情形，通常对外观设计的整体视觉效果更具有影响：①产品正常使用时容易被直接观察到的部位相对于其他部位；②授权外观设计区别于现有设计的设计特征相对于授权外观设计的其他设计特征。被诉侵权设计与授权外观设计在整体视觉效果上无差异的，人民法院应当认定两者相同；在整体视觉效果上无实质性差异的，应当认定两者近似。

知识点五　外观设计专利保护范围以图或照片中的产品为准的含义

■ 要求：掌握＊＊＊＊

《专利法》规定，外观设计专利权的保护范围以表示在图片或者照片中的该产品的外观设计为准。申请人提交的有关图片或者照片应当清楚地显示要求专利保护的产品的外观设计。就立体产品的外观设计而言，产品设计要点涉及六个面的，应当提交六面正投影视图；产品设计要点仅涉及一个或几个面的，应当至少提交所涉及面的正投影视图和立体图，并应当在简要说明中写明省略视图的原因。就平面产品的外观设计而言，产品设计要点涉及一个面的，可以仅提交该面正投影视图；产品设计要点涉及两个面的，应当提交两面正投影视图。必要时，申请人还应当提交该外观设计产品的展开图、剖视图、剖面图、放大图以及变化状态图。此外，申请人可以提交参考图，用于表明使用外观设计的产品的用途、使用方法或者使用场所等。对于简要说明中声明请求保护色彩的外观设计专利申请，图片的颜色应当着色牢固、不易褪色。

知识点六　外观设计专利保护范围确定的解释及确定方式

■ 要求：掌握＊＊＊＊

外观设计专利简要说明是外观设计专利申请的必要文件之一。简要说明记载了对确定外观设计的保护范围可能产生影响的一些因素，例如产品名称、产品用途、产品的设计要点等，必要时还可以写明请求保护色彩、省略视图等情况。因此，规定简要说明可以用于解释图片或者照片所表示的该产品的外观设计。但简要说明对外观设计保护范围的解释，不能超出图片或照片表示的内容。

简要说明应当包括下列内容：

1）外观设计产品的名称。简要说明中的产品名称应当与请求书中的产品名称一致。

2）外观设计产品的用途。简要说明中应当写明有助于确定产品类别的用途。对于具有多种用途的产品，简要说明应当写明所述产品的多种用途。

3）外观设计的设计要点。设计要点是指与现有设计相区别的产品的形状、图案及其结合，或者色彩与形状、图案的结合，或者部位。对设计要点的描述应当简明扼要。

4）指定一幅最能表明设计要点的图片或者照片。指定的图片或者照片用于出版专利公报。

此外，下列情形应当在简要说明中写明：一是请求保护色彩或者省略视图的情况。如果外观设计专利申请请求保护色彩，应当在简要说明中声明。如果外观设计专利申请省略了视图，申请人通常应当写明省略视图的具体原因。二是对同一产品的多项相似外观设计提出一件外观设计专利申请的，应当在简要说明中指定其中一项作为基本设计。三是对于花布、壁纸等平面产品，必要时应当描述平面产品中的单元图案两方连续或者四方连续等无限定边界的情况。四是对于细长物品，必要时应当写明细长物品的长度常用省略画法。五是如果产品的外观设计由透明材料或者具有特殊视觉效果的新材料制成，必要时应当在简要说明中写明。六是如果外观设计产品属于成套产品，必要时应当写明各套件所对应的产品名称。简要说明不得使用商业性宣传用语，也不能用来说明产品的性能和内部结构。

知识点七　侵犯发明或者实用新型专利权行为相同侵权的认定

■ 要求：掌握＊＊＊＊

侵犯专利权的行为一般分为相同侵权和等同侵权两种情况。通常，先判断是否构成相同侵权，如否，再判断是否构成等同侵权。

相同侵权，即字面侵权，是指被控侵权技术方案包含与专利权利要求限定的一项完整技术方案记载的全部技术特征相同的对应技术特征。相同侵权的判断可以将被控侵权的产品或者方法，看成是一份对比文献，以此来判断专利权利要求是否具备新颖性。如果判断的结论是具备新颖性，相同侵权不成立，如果判断的结果是不具备新颖性，则构成相同侵权。

相同侵权一般具有以下几个方面的情形：

1）被控侵权行为客体所具有的技术特征恰好与权利要求中记载的技术特征一一对应。

2）被控侵权行为客体没有包含权利要求中的某一个技术特征，则应当得出相同侵权不成立的结论。

3）如果被控侵权行为客体除了包含与权利要求中记载的全部技术特征相同的对应技术特征之外，又增加了其他技术特征，则不论增加的技术特征本身或者是与其他技术特征相结合产生何种功能和效果，均应当得出相同侵权成立的结论。

4）如果权利要求中记载的是上位概念表述的技术特征，但只要被控侵权人采用的具体实施方式，落入了权利要求记载的该上位概念的含义范围，则应当得出相同侵权成立的结论。

知识点八　侵犯发明或者实用新型专利权行为等同侵权的认定

■ **要求：掌握 * * * ***

等同侵权，是指被控侵权技术方案有一个或者一个以上技术特征与权利要求中的相应技术特征从字面上看不相同，但是属于等同特征，即与权利要求所记载的技术特征以基本相同的手段，实现基本相同的功能，达到基本相同的效果，并且本领域普通技术人员无须经过创造性劳动就能够想到的技术特征。等同侵权将专利权的保护范围延伸到与专利权利要求中相应技术特征等同的部分，弥补了专利权利要求的语言局限性。

等同原则适用于全部技术特征规则，即应该分别适用于每一技术特征，而不是将它们混在一起进行判断。只有在被控侵权产品或者方法与权利要求的文字记载存在某个或者某些区别的情况下才有必要予以适用。因此，适用等同原则时的分析重点应当放在区别点上，并对每一个区别点单独进行对比分析。如果认定被控侵权行为的客体没有以相同的方式再现权利要求的某一技术特征，则只有当被控侵权行为的客体有某一组成部分或者该组成部分与其他组成部分的配合，以与权利要求中记载的那一技术特征以基本上相同的方式，实现基本上相同的功能，产生基本上相同的效果，才能得出构成等同侵权行为的结论。

各个技术特征之间的等同，并不意味着要求各个技术特征之间必须是对应的关系。例如，一项独立权利要求中写入了"采用螺钉将两块板固定在一起"的技术特征。如果被控侵权的产品中也采用了两块板，不是采用螺钉，而是采用铆钉将它们固定在一起，可以认为具备了与该特征相等同的特征，构成了等同侵权；如果被控侵权的产品中既没有采用螺钉，也没有采用铆钉，但是利用两块板与其他部件之间的配合方式，使得它们的位置相对也得到固定，也可以认为构成了等同侵权。在后一种情况下，等同侵权结论的得出没有违反"全部技术特征规则"，因为两块板与其他部件之间的配合关系同样起到了"采用螺钉将两块板固定在一起"这一技术特征的作用，可以视为等同。

知识点九　侵犯发明或者实用新型专利权行为认定的禁止反悔原则

■ 要求：掌握＊＊＊＊

禁止反悔原则，是指在专利授权或者无效程序中，专利申请人或专利权人通过对权利要求、说明书的限缩性修改或者意见陈述的方式放弃的保护范围，在侵犯专利权诉讼中确定是否构成等同侵权时，禁止权利人将已放弃的内容重新纳入专利权的保护范围。

只有当相同侵权不成立，进而依据等同原则来判断等同侵权时，才需要考虑适用禁止反悔原则的问题。禁止反悔是对等同原则的一种限制，其作用正好与等同原则相反。

《最高人民法院关于审理侵犯专利权纠纷案件应用法律若干问题的解释》第6条规定："专利申请人、专利权人在专利授权或者无效宣告程序中，通过对权利要求、说明书的修改或者意见陈述而放弃的技术方案，权利人在侵犯专利权纠纷案件中又将其纳入专利权保护范围的，人民法院不予支持。"上述规定确立了在专利侵权纠纷案件的审理中禁止反悔原则的适用。

知识点十　侵犯外观设计专利权行为的认定和有关规则

■ 要求：掌握＊＊＊＊

外观设计专利权的保护客体是采用其设计方案的产品本身。外观设计专利权的保护范围以表示在图片或者照片中的该产品的外观设计为准。换言之，侵犯外观设计专利权的判断是将被控侵权产品的外观与专利文件的图片或者照片所表示的产品外观进行比较，而不是与专利权人制造并售出的产品外观进行比较，不必考虑消费者是否会对被控侵权产品和专利产品的来源或者出处产生混淆的问题。证明构成侵犯外观设计专利权的行为仅仅需要证明一个普通观察者不能将被控侵权产品的外观与专利产品外观设计区分开来即可。

知识点十一　外观设计专利权行为中产品类型相同或者相近的问题

■ 要求：掌握＊＊＊＊

《最高人民法院关于审理侵犯专利权纠纷案件应用法律若干问题的解释》第8条规

定，在与外观设计专利产品相同或者相近种类产品上，采用与授权外观设计相同或者近似的外观设计的，人民法院应当认定被诉侵权设计落入《专利法》第59条第2款规定的外观设计专利权的保护范围。

《专利法》第59条第2款规定："外观设计专利权的保护范围以表示在图片或者照片中的该产品的外观设计为准。"其中，"产品"和"该产品"的含义主要在于表明外观设计的设计方案必须与产品相结合，不能脱离产品之外单独予以保护。

《最高人民法院关于审理侵犯专利权纠纷案件应用法律若干问题的解释》第9条规定："人民法院应当根据外观设计产品的用途，认定产品种类是否相同或者相近。确定产品的用途，可以参考外观设计的简要说明、国际外观设计分类表、产品的功能以及产品销售、实际使用的情况等因素。"产品的用途通常由产品的功能来决定，而不是由产品的外观来决定。因此，对用途、分类或者功能明显不同的产品来说，并不能排除盗用、摹仿外观设计专利权人的设计创新成果的可能性，例如将真实汽车的外观用于玩具汽车，将橱柜的外观用于冰箱，将建筑物的外观用于摆设物等。

知识点十二　关于外观设计相同或者近似的判断

■ 要求：掌握＊＊＊＊

判断外观设计的设计方案是否相同或者近似，应当根据授权外观设计、被诉侵权设计的设计特征，以外观设计的整体视觉效果进行综合判断；对于主要由技术功能决定的设计特征以及对整体视觉效果不产生影响的产品的材料、内部结构等特征，应当不予考虑。

判断是否构成侵犯外观设计专利权的行为包括两个步骤：第一，判断两者在整体视觉效果上是否无差异，这相当于对发明或者实用新型专利权的相同侵权行为；第二，如果在整体视觉效果上存在差异（可能不止一处），还要继续判断该差异是否在整体视觉效果上带来实质性差异，如果没有实质性差异，仍构成侵权，这相当于对发明或者实用新型专利权的等同侵权行为。

从某种意义上说，对两者之间差异的分析认定更为重要，因为首先要判断在整体视觉效果上是否存在差异，其次要判断该差异的大小和性质，这是认定侵权行为成立的前提条件。《最高人民法院关于审理侵犯专利权纠纷案件应用法律若干问题的解释》第11条第2款明确规定："被诉侵权设计与授权外观设计在整体视觉效果上无差异的，人民法院应当认定两者相同；在整体视觉效果上无实质性差异的，应当认定两者近似。"所以，整体视觉效果上存在实质性差异，是得出不侵犯专利权结论的基础。由此可见，对"实质性差异"的掌握尺度，实际上是决定外观设计专利权保护范围大小最为重要的因素。更具体地说，判断该差异是否为"实质性差异"时，可以将被控侵权产品假想为一份在先的现有设计，判断授权外观设计与该现有设计相比是否符合创造性条件，如果结论是具备创造性，则表明不宜将这一差异视为"非实质性差异"，得出侵权指控不成立的结论。

"非实质性差异"的认定也可以借鉴《专利审查指南2010》关于外观设计专利申请不具备新颖性的情形的规定。如果一般消费者经过对涉案专利与对比设计的整体观察可以看出，二者的区别仅属于下列情形，则涉案专利与对比设计实质相同：

1) 其区别在于施以一般注意力不能察觉到的局部的细微差异，例如，百叶窗的外观设计仅有具体叶片数不同。

2) 其区别在于使用时不容易看到或者看不到的部位，但有证据表明在不容易看到部位的特定设计对于一般消费者能够产生引人瞩目的视觉效果的情况除外。

3) 其区别在于将某一设计要素整体置换为该类产品的惯常设计的相应设计要素，例如，将带有图案和色彩的饼干桶的形状由正方体置换为长方体。

4) 其区别在于将对比设计作为设计单元按照该种类产品的常规排列方式作重复排列或者将其排列的数量作增减变化，例如，将影院座椅成排重复排列或者将其成排座椅的数量作增减。

5) 其区别在于互为镜像对称。

《最高人民法院关于审理侵犯专利权纠纷案件应用法律若干问题的解释》第 11 条第 3 款规定："下列情形，通常对外观设计的整体视觉效果更具有影响：（一）产品正常使用时容易被直接观察到的部位相对于其他部位；（二）授权外观设计区别于现有设计的设计特征相对于授权外观设计的其他设计特征。"可以认为上述规定所列的情形在某种意义上就是外观设计的"要部"，判断外观设计是否相同或者近似应当以对外观设计的整体视觉效果进行综合判断为主，以"要部观察"为辅。

知识点十三　不视为侵犯专利权的行为——专利权用尽

■ 要求：了解＊＊

1. 专利权用尽的意义

基本含义：任何人购买由专利权人或者其被许可人售出的专利产品或者依照专利

方法直接获得的产品之后，应当享有自由处置其购买的产品的权利，即无论购买者以何种方式使用、许诺销售、销售该产品，均不构成侵犯专利权的行为。

目的：防止对专利权的保护超过合理的限度，对正常的经济社会秩序产生不良影响。一方面，国家确保专利权人能够控制专利产品的制造和首次销售，保障专利权人的合法利益；另一方面，维护公众合理利益，防止阻碍专利产品自由流通和正常使用现象的发生。

2. 专利权的国内用尽

适用专利权的国内用尽原则应当注意如下几点：

1）专利权用尽原则是针对每一件投放市场的专利产品而言的。

2）与专利权人或者其被许可人售出专利产品时是否对购买者提出何种限制性条件无关。

3）不必考虑被售出的专利产品或者依照专利方法直接获得的产品是专利权人或者其被许可人进口的，还是其购买进口的。只要该产品由专利权人或者其被许可人在国外售出，即可得出专利权用尽的结论。

4）如果采用售出的产品作为专用装置来实施该专利权人获得的另一项方法专利权，或者采用售出的产品作为部件来实施该专利权人获得的另一项产品专利权，则不能认为关联的权利也被用尽了。

3. 平行进口和专利权的国际用尽

我国在知识产权国际规则的制定上采取赞成并推动形成专利权国际用尽原则的立场。《专利法》第69条第（一）项的规定采取了允许平行进口行为的立场。认定平行进口行为不构成侵犯专利权行为的前提条件，仅仅是专利权人或者其被许可人在我国境外售出其专利产品或者依照专利方法直接获得的产品，与该专利权人在销售地所在的国家或者地区是否就该产品获得专利权以及获得何种类型的专利权无关，也与专利权人或者其被许可人在售出其专利产品或者依照专利方法直接获得的产品时是否附具限制性条件无关。

知识点十四 不视为侵犯专利权的行为——先用权

■ 要求：了解＊＊

1. 规定先用权的意义

《专利法》第69条第（二）项规定，在专利申请日前已经制造相同产品、使用相同方法或者已经作好制造、使用的必要准备，并且仅在原有范围内继续制造、使用的，不视为侵犯专利权。由于我国采用先申请制，某人就一项发明创造提出专利申请之前，可能已经有他人研制开发出同样的发明创造或者已经通过合法方式获知了同样的发明创造，并且已经开始实施该发明创造或者为实施该发明创造作好了必要的准备。在此情况下，如果允许后来就此发明创造申请并获得专利权的人凭借其专利权制止先用者继续进行其实施行为，则显失公平。

2. 先用权的产生条件

（1）被实施的发明创造的来源

只要有关发明创造是通过合法途径获知的，且随后实施该发明创造的行为符合诚实信用原则，则即使先用者直接或者间接地从专利申请人那里获知有关发明创造，也仍然能够产生先用权；反之，如果先用者以剽窃或者其他违法方式从他人那里获知有关发明创造，或者虽然有关发明创造的获知本身是合法的，但是获知者实施该发明创造的行为违背了作为获知该发明创造前提条件的约定或者承诺，或者获知者明知其实施该发明创造的行为违背信息提供者的意愿，则不能产生先用权。

（2）实施和为实施作好必要准备

不仅在申请日之前实施发明创造的人能够享受先用权，在申请日之前为实施发明创造作好必要准备的人也能享受先用权。对于"作好必要准备"的要求如下：

1）应当首先证明他在申请日之前已经实际获知、掌握了该项发明创造。

2）已经进行的准备工作与实施获知的专利权的发明创造之间应当有明确的因果关联，让人能够认定有关准备工作是为实施该项发明创造而进行的。例如，购买地皮、装设供电供水设备等普遍性准备工作，不能被认为符合要求。

3）在申请日之前应当已经开始进行实际准备工作，而不能仅仅是进行了表明有实施意愿的行为。例如，仅提出实施该项发明创造的意向、进行可行性论证等，不能被认为符合要求。

4）所进行的实际准备工作应当是技术性准备工作。仅仅是市场分析、管理人员配备等非技术性工作，不能被认为符合要求。

我国授予的专利权只能在我国境内具有法律效力，因此能够产生先用权的在先实施行为或者准备行为也应当是在我国境内发生的行为。

（3）先用权的效力

1）允许先用者在原有范围内继续进行的行为。对于在申请日之前仅仅为实施作好必要准备的行为来说，不得超出原来准备好的实施规模。对于在申请日之前已经予以实施的行为来说，应当包括专利申请提出时原有设备可以达到的生产能力。应当注意的是，当认定先用者的实施行为超出原有范围时，超出部分才以侵犯专利权行为论处。

为了防止对先用权的滥用，先用权的享有者不能许可他人实施有关专利，也不能单独转让其先用权。先用权只能连同先用权人的企业一起转让和继承，而不能脱离其企业将先用权单独转让或继承。

2) 允许他人进行的行为。在先用权成立的情况下，第三人从先用者那里获得的专利产品或者依照专利方法直接获得的产品就是通过合法途径获得的产品，应当有权利用、处置该专利产品。

知识点十五　不视为侵犯专利权的行为——在过境的外国交通工具上使用专利的行为

■ 要求：了解＊＊

《专利法》规定，临时通过中国领陆、领水、领空的外国运输工具，为运输工具自身需要而在其装置或者设备中使用有关专利的，依照其所属国同中国签订的协议或者共同参加的协议或者共同参加的国际条约，或者依照互惠原则，不视为侵犯专利权。

理由在于：如果将出于运输工具自身需要而使用有关专利的行为视为侵犯专利权的行为，会产生限制运输工具进入其他国家或者地区的结果，影响国际交通运输的正常进行；同时，对运输工具使用专利的行为提出专利侵权指控，在实际中很难实现。

理解该规定，需要注意的是：①本规定仅适用于外国运输工具，运输工具归属以其注册地为准。②运输工具包括船舶、飞机和陆上车辆。③所称领陆是指我国的陆地，领水包括我国的领海和内河，以及包括码头在内的全部港口。④临时通过包括定期进入和偶然进入，前者包括定期航班等，但不包括长期在中国国内停留，例如海上油气开采平台；后者是指在特殊情况下进入中国领陆、领水和领空，例如躲避风暴、机械故障、船舶失事等。⑤仅限于为运输工具自身需要，而在其装置或者设备中使用的有关专利，其含义是该装置本身被授予专利权，或是该装置的使用方法被授予专利权。在两种情况下允许进行的行为都仅仅是使用该装置，不包括制造该装置的行为和销售该装置的行为。

知识点十六　不视为侵犯专利权的行为——为科学研究和实验目的而使用专利的行为

■ 要求：了解＊＊

《专利法》规定："专为科学研究和实验而使用有关专利的，不视为侵犯专利权。"

1. 专为科学研究和实验而使用专利的含义

科学研究和实验包括：①通过研究和实验，判断专利权利要求所要求保护的专利技术是否能够实现专利说明书中记载的发明目的，达到预期的发明效果；②通过研究和实验，确定实施专利技术的最佳方案；③通过研究和实验，探讨如何对专利技术作出改进。

为了维护专利权人的合理权益，有必要对所述"科学研究和实验"行为的范围作出必要限制。限制行为主要包括：①利用专利技术作为手段进行另外的研究实验；②针对实施专利技术的其他方面进行研究实验；③对实施该专利技术的商业前景进行研究实验。这三种情况均构成侵犯专利权的行为。

2. 允许的行为类型

一般研究者认为，在研究实验者自己不具备制造有关专利产品的能力的情况下，应当允许该研究实验者进口有关专利产品，也应当允许他人为研究实验者制造、进口有关专利产品，都不视为侵犯专利权的行为。当然，在采取上述立场时，应当严格控制为研究实验者制造、进口有关专利产品的数量。

如果研究实验者后来出售其为了进行研究实验而制造的专利产品或者他人为其进行研究实验而提供的专利产品，则构成了侵犯专利权的行为。

知识点十七　不视为侵犯专利权的行为——Bolar 例外

■ 要求：了解＊＊

1. 产生问题的缘由

《专利法》的立法宗旨之一是鼓励发明创造，保护专利权人的合法利益。药品、医疗器械获得专利权以及获得上市许可，都需要经过行政审批。上市许可的行政审批确保药品和医疗器械的安全性和有效性，维护公众的身体健康和生命安全。专利制度和药品上市行政审批制度并行运作带来一个新的问题。

仿制药品或者仿制医疗设备可以为公众提供更多的可供选择的药品和医疗设备，能够显著降低有关药品和医疗设备的价格。但是，仿制厂商也需要按照研制新药的规定予以申报并做非临床安全性研究和临床研究。为了在专利权保护期限届满之后能够尽快地推出仿制药品或者仿制医疗设备，仿制厂商希望能够在专利保护期尚未届满前就开始对专利药品或者专利医疗设备进行有关研究试验和准备工作。

然而问题在于，如果未经许可在专利权的保护期限之内进行这些研究试验属于侵犯其专利权行为。等到专利权保护期限届满之后才开始研究试验、完成研究试验、提出上市申请到获得国家行政管理部门的批准，需要经历相当长的时间。导致的结果是尽管药品或者医疗器械专利权已终止，但在其后相当长的期间内仍然没有人能够将仿制产品投放市场。这变相延长了药品和医疗器械专利权的保护期限；其结果显然不利于维护公众的利益。

2. 具体规定及理解

《专利法》第69条第（五）项规定："为提供行政审批所需要的信息，制造、使用、进口专利药品或者专利医疗器械的，以及专门为其制造、进口专利药品或者专利医疗器械的，不视为侵犯专利权。"所称"药品"和"医疗器械"应当被解释为仅仅包含用于人体的药品和医疗器械。

此规定的专利权限不仅针对药品本身的专利权，还涵盖与药品有关的衍生的专利权，如药品的制备方法、该药品的活性成分等。对于"专利医疗器械"，也作基本相同的理解，即"不视为侵犯专利权"所指的专利权不仅包括针对医疗器械本身的专利权，也包括针对该医疗器械使用方法、该医疗器械专用零部件的专利权。

3. 允许进行的行为

《专利法》第69条第（五）项针对两种情况分别予以规定：一种是仿制药品的研究试验者本人为获取行政审批所需要的信息而进行的行为；另一种是他人为研究试验者获取行政审批所需要的信息而进行的行为。

前者包括制造、使用、进口专利药品或者专利医疗器械的行为。但不允许研究试验者在专利权保护期限之内进行许诺销售、销售其获得的专利药品或者专利医疗器械的行为，例如在展会上展出、显示其拟仿制的专利药品或者专利医疗器械。

后者包括制造、进口专利药品或者专利医疗器械的行为，需要明确的是制造、进口的目的应当仅仅限于专门为研究试验者提供，而不能自己为生产经营目的予以使用，也不能向除研究试验者之外的其他单位或者个人许诺销售或者销售。

无论是在上述哪种情况下，允许进行的行为都只能是为了提供行政审批所需要的信息。

知识点十八　侵犯专利权的民事责任

■ 要求：掌握＊＊＊＊

我国民法的侵权责任形式有多种，且各有所用。损害赔偿责任救济的是财产性质的损害结果，而赔礼道歉责任救济的是人身性质的损害结果，如此才符合侵权法填平损害的功能定位。由于专利权既有财产权内容又有人身权内容，那么侵害专利权的行为也就相应地区分为侵害知识产权中的财产权和侵害知识产权中的人身权两大类，同时，侵权责任承担也必然要考虑侵权行为的具体情形，区分是承担财产性质的责任形式还是承担人身性质的责任形式。财产性质的民事责任专利侵权涉及的主要问题，包括禁令和赔偿损失。

知识点十九　承担侵犯专利权民事责任的归责原则

■ 要求：掌握＊＊＊＊

专利权作为一种财产权，侵犯专利权适用一般侵权行为的归责原则——过错责任原则，但同时专利权作为一种无形财产，有着不同于一般民事权利的特点，完全基于一般的过错原则要求侵权人承担责任，可能会导致对专利权人不公平。

我国《专利法》没有对专利侵权的归责原则作出直接规定，使用了一种混合的归责方法——无过错责任原则和过错责任原则相结合。过错不是专利侵权行为的构成要件。在确定是否侵权时，适用无过错责任原则；对停止侵权责任适用无过错责任；而赔偿损失责任则按不同的场合分别适用过错责任和无过错责任。

过错责任原则的适用无疑提高了侵权责任构成的标准，在一定程度上会削弱对专利权人权利的保护，损害专利权人的利益。无过错责任原则的适用降低了侵权责任构成的标准，相应地，在一定程度上会增强对专利权的保护。但是在专利诉讼案件数量快速增加的背景下，无过错责任原则会导致市场主体谨小慎微，举步维艰，一定程度上会抑制社会经济的良性发展，也相应地使专利制度的目的大打折扣。

知识点二十　寻求救济的主体资格

■ 要求：掌握＊＊＊＊

侵犯专利权行为获得救济的主体一般是专利权人和利害关系人。

1. 专利权人和利害关系人

专利权人是享有专利权的民事主体，其专利权可以是通过申请专利而获得，也可以是通过转让、继承等方式获得。

利害关系人大多数是专利许可合同的被许可人，包括独占实施许可合同的被许可人；专利权人不申请的情况下的排他实施许可合同的被许可人；专利权人明确赋予起诉权的专利普通实施许可合同的被许可人。应当注意的是，被控侵权人不能被认作"利害关系人"。

2. 共有专利权情况

对专利侵权行为起诉属于对专利权的行使，在共有人之间没有事先约定的情况下，共有人之一不能单独对侵权行为起诉；如果共有人之间对单独起诉有约定的，应当依照约定执行。

知识点二十一　权利人寻求救济途径

■ 要求：掌握＊＊＊＊

在知识产权领域，我国实行的是司法与行政"双轨制"保护体系。当前我国正在积极推进构建知识产权"大保护"格局，着力深化行政执法和刑事司法的衔接，不断拓展仲裁、调解等多种维权渠道，构建多元化纠纷解决机制。

1. 司法救济

专利权人或者利害关系人可以就侵犯专利权行为向人民法院提起民事诉讼。专利纠纷的第一审案件由各省、自治区、直辖市人民政府所在地的中级人民法院和最高人民法院指定的中级人民法院管辖。为了实现知识产权案件审理专门化、管辖集中化、程序集约化和人员专业化，十二届全国人大常委会第十次会议表决通过了全国人大常委会关于在北京、上海、广州设立知识产权法院的决定。此后，最高人民法院又在全国各地分别设立了20个知识产权法庭（南京、苏州、武汉、成都、杭州、宁波、合肥、福州、济南、青岛、深圳、天津、郑州、长沙、西安、南昌、兰州、长春、乌鲁木齐、海口)。

此外，为了解决专利侵权民事诉讼中存在的取证难、耗时长、成本高等几大难题，我国正深入推进知识产权审判体系和审判能力现代化。主要的工作包括：完善知识产权诉讼制度，积极推进建立符合知识产权案件特点的诉讼证据规则、建立体现知识产权价值的侵权损害赔偿制度、推进符合知识产权诉讼规律的裁判方式改革；加强知识产权法院体系建设，健全知识产权专门化审判体系，探索跨地区知识产权案件异地审理机制，完善知识产权法院人财物保障制度；加强知识产权审判队伍建设，加强知识产权审判人才培养选拔，加强技术调查官队伍建设。

2. 行政救济

行政救济是专利权被侵犯的情况下较为特别的救济方式，被视为我国专利保护制度的特色之一。

省、自治区、直辖市人民政府以及专利管理工作量大又有实际处理能力的设区的市人民政府设立的管理专利工作的部门可以应当事人的请求，对专利侵权纠纷进行处理，认定侵权行为成立的，责令侵权人立即停止侵权行为。同时，在行政处理的过程中，可以应当事人的请求，就专利侵权的赔偿数额进行调解。

相较于司法保护，行政保护可以主动开展调查取证，具有执法程序简便、处理快、效率高的优势。首先，行政执法快速便捷，可以有效降低维护权益成本。一般情况下，侵犯知识产权行政案件办理期限为3个月，特殊情况下4个月结案。其次，专利侵权纠纷行政执法证据调取手段多样。从一定程度上能够解决专利权人取证难的问题，并且在行政执法过程中所取得的证据得以固定，也便于专利权人在可能的民事诉讼中获得损害赔偿。最后，专利侵权纠纷行政执法费用低。专利行政执法开支被纳入财政预算之中，由国家财政负担，不向专利权人收取取证和执法工作费用。

3. 其他途径

（1）调解

调解专利纠纷是指管理专利工作的部门应当事人的请求，对专利申请权与专利归属纠纷、发明人与设计人资格纠纷、职务发明创造的发明人与设计人的奖励和报酬纠纷、发明专利申请公布后专利权授予前使用发明而未支付适当费用的纠纷以及其他专利纠纷进行居中调解的活动。通过调解的方式解决专利纠纷可以最大限度地减少专利权人的维权成本。但专利纠纷调解的结果不具强制性，双方不履行调解结果的，需要另行寻求其他途径解决纠纷。为加强调解结果的强制性，我国正在健全知识产权纠纷调解协议司法确认机制。

（2）仲裁

专利侵权纠纷仲裁是指纠纷双方根据侵权前合同中订立的仲裁条款或者侵权发生后达成的仲裁协议，将专利侵权纠纷提交给仲裁机构处理的行为。

相比美国、英国等国家，我国知识产权仲裁机构受理案件少，部分机构的工作还仅限于理论研究，业务主要停留在咨询与宣传方面。限制仲裁方式在解决专利侵权纠纷方面应用的主要原因在于专利侵权纠纷仲裁缺少明确法律依据，专业性的专利纠纷仲裁机构缺位，专利侵权纠纷仲裁与其他纠纷解决方式缺乏衔接机制。

为了解决以上问题，推进仲裁方式在解决专利侵权纠纷方面的应用，《关于强化知识产权保护的意见》作出了明确工作部署，包括完善知识产权仲裁工作机制，培育和发展仲裁机构，健全行政确权、公证存证、仲裁、调解、行政执法、司法保护之间的衔接机制。

知识点二十二　侵犯专利权的举证责任的特殊规定

■ 要求：熟悉＊＊＊

除了"谁主张，谁举证"原则外，专利侵权举证责任也存在着特殊规定。比较典型的有新产品方法专利侵权举证责任倒置以及实用新型专利或者外观设计专利提供专利权评价报告要求。

1. 适用范围

要求专利权人提供证据，证明被控侵权人采用的制造方法与专利方法相同非常困难。因此，关于新产品的方法专利侵权采取举证责任倒置的原则。

由于实用新型专利或者外观设计专利申请只进行形式审查。因此，人民法院或者管理专利工作的部门在处理实用新型专利或者外观设计专利的侵权纠纷案件时，为了更好地处理专利纠纷，正确判断是否构成侵权，可以要求专利权人或者利害关系人出具由国家知识产权局对相关实用新型或者外观设计进行检索、分析和评价后作出的专利权评价报告。

2. 举证责任倒置

专利侵权诉讼中，侵权成立的举证责任一般在于原告。原告需要证明侵权技术的技术特征覆盖了专利技术的全部必要技术特征。但在涉及新产品的制造方法发明专利侵权问题时，发生举证责任倒置。即由控制技术方证明其生产该新产品的技术与专利方法在实质上是不同的，否则推定为依专利方法所生产，构成侵权。上述的举证责任发生倒置的前提是起诉方首先证明其产品是用专利方法所生产的新产品。

知识点二十三　专利权评价报告

■ 要求：熟悉＊＊＊

专利权评价报告是在实用新型或者外观设计被授予专利权后对相关实用新型或外观设计专利进行检索，并就该专利是否符合《专利法》及其实施细则规定的授权条件进行分析和评价后形成的报告。

1. 请求主体

专利权评价报告的请求主体是专利权人或者利害关系人。有多个请求人请求作出专利权评价报告的，国家知识产权局仅作出一份专利权评价报告。报告一旦作出，任何单位或者个人可以查阅或者复制该专利权评价报告。国家知识产权局不受理除专利权人或者利害关系人外提出的请求。

2. 报告内容以及作出方式

专利权评价报告由国家知识产权局自收到专利权评价报告请求书后 2 个月内作出。专利权评价报告是对相关实用新型或者外观设计进行检索、分析和评价后作出的。

3. 报告性质和作用

专利权评价报告不是行政决定，《专利审查指南 2010》明确指出，专利权评价报告是人民法院或者管理专利工作的部门审理、处理专利侵权纠纷的证据，主要用于人民法院或者管理专利工作的部门确定是否需要中止相关程序。

专利权评价报告也不是提起专利侵权诉讼的要件。在实用新型专利侵权诉讼中，原告可以出具由国家知识产权局作出的专利权评价报告；根据案件审理需要，人民法院可以要求原告提交专利权评价报告，提交专利权评价报告并非原告提起实用新型专利侵权诉讼的条件。

知识点二十四　现有技术和现有设计抗辩

■ 要求：熟悉＊＊＊

现有技术抗辩是我国第三次修订《专利法》时新增加的规定。在专利侵权纠纷中，被控侵权人有证据证明其实施的技术或者设计属于现有技术或者现有设计的，不构成侵犯专利权。

1. 必要性

各国授予的专利权中都或多或少地存在不当授权现象。设立现有技术和现有设计抗辩的主要目的是避免公众即使实施现有技术或者现有设计，也有可能落入他人被授予专利权的保护范围的问题。

在有些情况下，专利权确实符合授权条件，但在是否能够适用等同原则认定侵权成立的问题上存在争议时，如被控侵权人能够举证证明其实施的技术或者设计属于现有技术或者现有设计，对于直接得出侵权指控不成立的结论，缩短诉讼程序，减少当事人诉累具有重要意义。

2. 用于进行不侵权抗辩的现有技术

现有技术的范围与新颖性审查的范围一致，指的是专利申请日以前在国内外为公众所知的技术。

特别注意的是，由于现行的《专利法》施行时间是2009年10月1日，在具体案件中需要根据涉案专利的申请日确定现有技术范围。涉案专利的申请日在这之前，现有技术采取相对新颖性标准，即不包括国外的使用公开；涉案专利的申请日在这之后，现有技术采取与国际接轨的绝对新颖性标准，包括国内外为公众所知的技术。

3. 现有技术抗辩的判断

判断被控侵权技术是否"属于"现有技术时，一般采用类似专利授权中的新颖性判断原则。首先，要适用新颖性的单独对比原则，不允许将几项现有技术结合起来比对。如果一项现有技术与被控侵权技术完全一致，则现有技术抗辩成立。其次，如果被控侵权技术与现有技术存在差异，但差异仅仅是"惯用手段的直接置换"或"所属技术领域的公知常识"等，也应认定现有技术抗辩成立。被控侵权技术、现有技术和涉案专利的关系如图3-1所示。

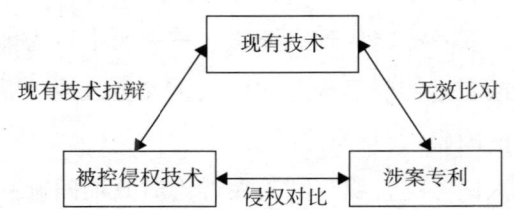

图3-1 被控侵权技术、现有技术和涉案专利的关系

在审查现有技术抗辩时，比较方法是将被诉侵权技术方案与现有技术进行对比，而不是将现有技术方案与专利技术方案进行对比。审查方式则是以专利权利要求为参照，确定被诉侵权技术方案中被指控落入权利要求保护范围的技术特征，并判断现有技术是否公开了相同或等同的技术特征。

知识点二十五　侵犯专利权的诉讼时效

■ 要求：熟悉＊＊＊

1. 相关规定

《专利法》规定，侵犯专利权的诉讼时效为 2 年，自专利权人或者利害关系人知道或者应当知道侵权行为之日起计算。知道或者应当知道的主体一般是指专利权人或者利害关系人。但是 2017 年 10 月 1 日开始施行的《民法总则》第 188 条规定，向人民法院请求保护民事权利的诉讼时效期间为 3 年。法律另有规定的，依照其规定。目前，人民法院已经按 3 年诉讼时效期在执行。

2. 诉讼时效的效力

诉讼时效是指民事权利受到侵害的权利人在法定的时效期间内不行使权利，当时效期间届满时，债务人获得诉讼时效抗辩权。在法律规定的诉讼时效期间内，权利人提出请求的，人民法院就强制义务人履行所承担的义务。专利权人及利害关系人未在诉讼时效期内提起诉讼，另一方当事人提出诉讼时效抗辩时，专利权人及利害关系人将失去人民法院强制义务人履行所承担义务的权利。

3. 其他问题（中止、延长）

诉讼时效中止，是指在诉讼时效期间的最后 6 个月，因法定事由而使权利人不能行使请求权的，法定事由消除后，诉讼时效期间为自中止时效的原因消除之日起满 6 个月届满的制度。中止的理由包括：不可抗力；无民事行为能力人或者限制民事行为能力人没有法定代理人，或者法定代理人死亡、丧失民事行为能力、丧失代理权；继承开始后未确定继承人或者遗产管理人；权利人被义务人或者其他人控制；其他导致权利人不能行使请求权的障碍。

诉讼时效延长是指人民法院查明权利人在诉讼时效期间确有法律规定之外有正当理由而未行使请求权的，适当延长已完成的诉讼时效期间。诉讼时效的延长适用于已经届满的诉讼时效。延长诉讼时效所依据的正当理由（事由）是由人民法院依职权确认的，因为社会生活的复杂性决定了法律不可能将阻碍诉讼时效进行的情况全部加以规定。

知识点二十六　侵犯专利权的损害赔偿

■ 要求：熟悉＊＊＊

1. 确定赔偿数额的原则

对专利侵权损害赔偿的原则有两种，一是补偿性赔偿原则，二是惩罚性赔偿原则。补偿性赔偿原则是指对专利侵权的损害在确定赔偿额时，应当以赔偿全部损失为原则，赔偿额既不能多于被侵权人的损失，也不能少于被侵权人的损失。损失既包括直接损失，也包括间接损失。

惩罚性赔偿原则主张，在确定专利侵权的损害赔偿额时，除了补偿被侵权人的损失外，还应当对故意侵权情节严重的行为实行惩罚性赔偿，即除了补偿被侵权人的损失外，还应当加大赔偿额，使被侵权人获得的赔偿大于其受到的损失。

我国《专利法》目前采取了补偿性赔偿原则，但正在加紧建立侵权惩罚赔偿制度。

2. 确定赔偿数额的方式

按照专利法的相关规定，专利侵权赔偿数额的确定方式有四种，按优先适用顺序可以简单表述为：权利人因侵权行为受到的实际损失的认定；侵权人获利作为赔偿依据；专利许可使用费作为赔偿依据；法定赔偿。但是在适用以上方式计算赔偿数额时存在着诸多问题。

在应用权利人实际损失确定赔偿数额时，专利权人需要证明其销售量的减少与侵权行为的出现之间具有因果关系，但实践中专利产品销售量下降的原因是多方面的，专利权人承担举证责任变得非常困难。此外，在一种产品的推广期，即使存在专利侵权，可能也不会发生产品销售量下降的现象。

按照侵权人获利确定赔偿数额时，侵权人掌握主要销售凭证等证据，对于专利权人来说举证也异常困难。此外，一种产品销售利润的提高有多方面的因素，在许多情况下并不都是由于实施专利技术而带来的，如果侵权人不提供真实情况，要正确计算非法所得是很困难的。

按照专利许可使用费作为赔偿依据时，在被侵权的专利从未发生过专利许可的情况下，要确定许可使用费更加困难。即使有相似专利许可，由于许可合同的实施范围、数量、期限等内容差异也会导致计算结果与损害价值相差甚远。

按法定赔偿时，由于法定赔偿数额过低，往往导致专利权人无法弥补损失。

3. 特殊情况

关于法定赔偿额，《最高人民法院关于当前经济形势下知识产权审判服务大局若干问题的意见》特别规定："对于难以证明侵权受损或侵权获利的具体数额，但有证据证明前述数额明显超过法定赔偿最高限额的，应当综合全案的证据情况，在法定最高限额以上合理确定赔偿额。"也即是在特殊的案件中，审判法官可根据案情实际突破法定赔偿额限制。

知识点二十七 侵犯专利权的诉前临时措施

■ 要求：了解＊＊

诉前临时措施是指在诉讼开始前，申请人有证据证明他人正在实施或者即将实施侵犯其专利的行为，如不及时制止将会使其合法权益受到难以弥补的损害，人民法院应申请人的请求而作出的责令行为人为某种行为或不为某种行为以及对有关财产和证据进行保全的决定。

1. 条件和手续

专利权人在申请诉前临时措施时的必要条件是必须提供担保，同时还需要提交以下材料。

1）专利权人应当提交证明其专利权真实有效的文件，包括专利证书、权利要求书、说明书、专利年费缴纳凭证。

2）利害关系人应当提供有关专利实施许可合同及其在国家知识产权局备案的证明材料，未经备案的应当提交专利权人的证明，或者证明其享有权利的其他证据。排他实施许可合同的被许可人单独提出申请的，应当提交专利权人放弃申请的证明材料。专利财产权利的继承人应当提交已经继承或者正在继承的证据材料。

3）提交证明被申请人正在实施或者即将实施侵犯其专利权的行为的证据，包括被控侵权产品以及专利技术与被控侵权产品技术特征对比材料等。

2. 裁定和执行

人民法院应当自接受申请之时起48小时内作出裁定；有特殊情况需要延长的，可以延长48小时。裁定责令停止有关行为的，应当立即执行。申请人自人民法院采取责令停止有关行为的措施之日起15日内不起诉的，人民法院应当解除该措施。申请有错误的，申请人应当赔偿被申请人因停止有关行为所遭受的损失。

知识点二十八　侵犯专利权的诉前证据保全

■ 要求：了解＊＊

证据保全是指在证据可能灭失或者今后难以取得的情况下，人民法院依申请或者依职权予以调查收集和固定保护的行为。

1. 申请条件

首先，申请保全的证据必须与案件有关联。其次，证据可能灭失或以后难以取得。保全证据可能导致被申请人财产损失的，人民法院可以责令申请人提供相应的担保。

2. 申请程序

专利侵权证据保全方式有公证保全和人民法院保全两种方式。

（1）公证保全证据方式

公证保全，一般是专利权人及其利害关系人就存在的侵权行为，向公证机关提出申请，对其购买侵权产品的过程及购得的侵权产品进行公证，或对侵权现场（如许诺销售）或对侵权产品的安装地进行勘查公证，取得公证书，从而证明被告存在侵权行为。

（2）人民法院保全证据方式

人民法院保全证据方式，即通常所说的民诉法意义上的"证据保全"，指的是为了防止证据的自然灭失、人为毁灭或者以后难以取得，经参与人申请或者人民法院依职权主动采取措施，人民法院对民事诉讼证据加以收集和固定的制度。证据保全有两种形式：诉前证据保全和诉讼中证据保全。

诉前证据保全是指为了制止专利侵权行为，在证据可能灭失或者以后难以取得的情况下，专利权人或者利害关系人在起诉前向人民法院申请保全证据。人民法院采取保全措施，可以责令申请人提供担保。

诉讼中的证据保全，主要是指申请人在起诉后，按照民事诉讼法规定的程序和要求，书面申请人民法院对民事诉讼证据加以收集和固定的制度。

知识点二十九 假冒专利行为

■ 要求：掌握＊＊＊＊

假冒专利的行为包括，一是在未被授予专利权的产品或者其包装上标注专利标识，专利权被宣告无效后或者终止后继续在产品或者其包装上标注专利标识，或者未经许可在产品或者产品包装上标注他人的专利号；二是销售前项所述产品；三是在产品说明书等材料中将未被授予专利权的技术或者设计称为专利技术或者专利设计，将专利申请称为专利，或者未经许可使用他人的专利号，使公众将所涉及的技术或者设计误认为是专利技术或者专利设计；四是伪造或者变造专利证书、专利文件或者专利申请文件；五是其他使公众混淆，将未被授予专利权的技术或者设计误认为是专利技术或者专利设计的行为。

假冒专利行为包括以下五种类型：

1）在产品上或者产品的包装上标注专利标识导致的假冒专利行为。具体分为：①产品本身并没有被授予专利权，行为人在该产品或者其包装上标注专利标识；②他人就某种产品获得了专利权，行为人不是专利权人，也不是专利权人的被许可人，却在其产品或者产品的包装上标注该专利权的专利号。

2）销售上述标注了专利标识的产品导致的假冒专利行为。专利权终止前依法在专利产品、依照专利方法直接获得的产品或者其包装上标注专利标识，在专利权终止后销售该产品的，不属于假冒专利行为。销售不知道是假冒专利的产品，并且能够证明该产品合法来源的，由管理专利工作的部门责令停止销售，但免除罚款的处罚。

3）在产品说明书等材料中予以说明导致的假冒专利行为。包括在产品说明书、产品宣传材料、广告中将未被授予专利权的技术或者设计称为专利技术或者专利设计，将专利申请称为专利，或者未经许可使用他人的专利号。

4）伪造、变造专利证书、专利文件或者专利申请文件构成的假冒专利行为。包括编造国家知识产权局没有颁发过的专利证书、没有公告过的专利文件、没有受理过的专利申请文件；变造专利证书、专利文件或者专利申请文件，是指行为人以篡改方式编造国家知识产权局颁发过的专利证书、公告过的专利文件、受理过的专利申请文件。这些行为其主要用途旨在欺骗公众。

5）其他假冒专利行为。其他使公众造成混淆，将未被授予专利权的技术或者设计误认为是专利技术或者专利设计的行为。

知识点三十　假冒专利行为法律责任

■ 要求：掌握＊＊＊＊

假冒他人专利行为的法律责任，包括民事责任、行政责任和刑事责任。

1. 民事责任

假冒专利行为人在其产品或者其包装上标注他人的专利标识，或者在产品说明书等材料上采用他人所获得专利权的专利号的，即使实际上并没有使用他人的专利技术或者专利设计，也会损害专利权人的声誉，构成了侵犯专利权人的专利标记权的行为。

《民法通则》第118条规定："公民、法人的著作权（版权）、专利权、商标专用权、发现权、发明权和其他科技成果权受到剽窃、篡改、假冒等侵害的，有权要求停止侵害，消除影响，赔偿损失。"

专利权人可以根据上述规定，要求假冒其专利的侵权人承担相应的民事责任。假冒专利行为人不但在其产品或者其包装上标注他人的专利标识或者在产品说明书等材料上采用他人所获得专利权的专利号，而且也使用了他人的专利技术或者专利设计的，不但构成侵犯专利权人的专利标记权的行为，还构成了侵犯他人专利权的行为，应当承担《专利法》第60条规定的民事责任。

2. 行政责任

《专利法》规定行政处罚包括由管理专利工作的部门责令改正并予以公告，没收违法所得，同时可以并处违法所得4倍以下的罚款，没有违法所得的，可以处20万元以下的罚款。

3. 刑事责任

假冒专利罪的刑事责任方式包括罚金、拘役和有期徒刑。

《刑法》第216条规定："假冒他人专利，情节严重的，处三年以下有期徒刑或者拘役，并处或者单处罚金。"假冒专利行为是否情节严重，应当由人民法院根据具体情况予以认定。一般认为，假冒专利的产品质量低劣，导致消费者的生命财产蒙受很大损失，或者造成重大事故的，应当认定情节严重，需要追究行为人的刑事责任。

罚金是既可以附加于主刑适用又可以独立适用的附加刑。罚金数额一般在违法所得的1倍以上5倍以下，或者按照非法经营数额的50%以上1倍以下确定。拘役的期限为1个月以上6个月以下，数罪并罚时最高不能超过1年。有期徒刑最长不超过3年。

知识点三十一　假冒专利行为查处的主体资格

■ 要求：掌握＊＊＊＊

国家知识产权局应当对管理专利工作的部门处理专利侵权纠纷、查处假冒专利行为、调解专利纠纷进行业务指导。所称管理专利工作的部门，是指由省、自治区、直辖市人民政府以及专利管理工作量大又有实际处理能力的设区的市人民政府设立的管理专利工作的部门。

查处假冒专利行为是对损害公众利益的违法行为的行政执法行为，管理专利工作的部门可以依当事人的请求启动查处程序，也可以依职权启动。

知识点三十二　假冒专利行为查处的方式

■ 要求：掌握＊＊＊＊

管理专利工作的部门根据已经取得的证据，对涉嫌假冒专利行为进行查处时，可以询问有关当事人，调查与涉嫌违法行为有关的情况；对当事人涉嫌违法行为的场所实施现场检查；查阅、复制与涉嫌违法行为有关的合同、发票、账簿以及其他有关资料；检查与涉嫌违法行为有关的产品，对有证据证明是假冒专利的产品，可以查封或者扣押。

管理专利工作的部门行使上述职权时，应当按照依法行政的精神，严格遵循《行政处罚法》规定的有关程序。应当注意两点：第一，按照该规定，查封或者扣押是在检查与涉嫌违法行为有关的产品过程中可能需要采用的调查取证措施，而不是认定假冒专利行为成立之后采用的行政处罚措施，行政处罚措施只能是《专利法》第63条规定的措施；第二，查封或者扣押的前提是有关产品存在转移的可能性，且当事人对管理专利工作的部门的调查取证工作采取拒绝、阻挠态度。

第四章 专利运用

CHAPTER 4

一、基本内容框架

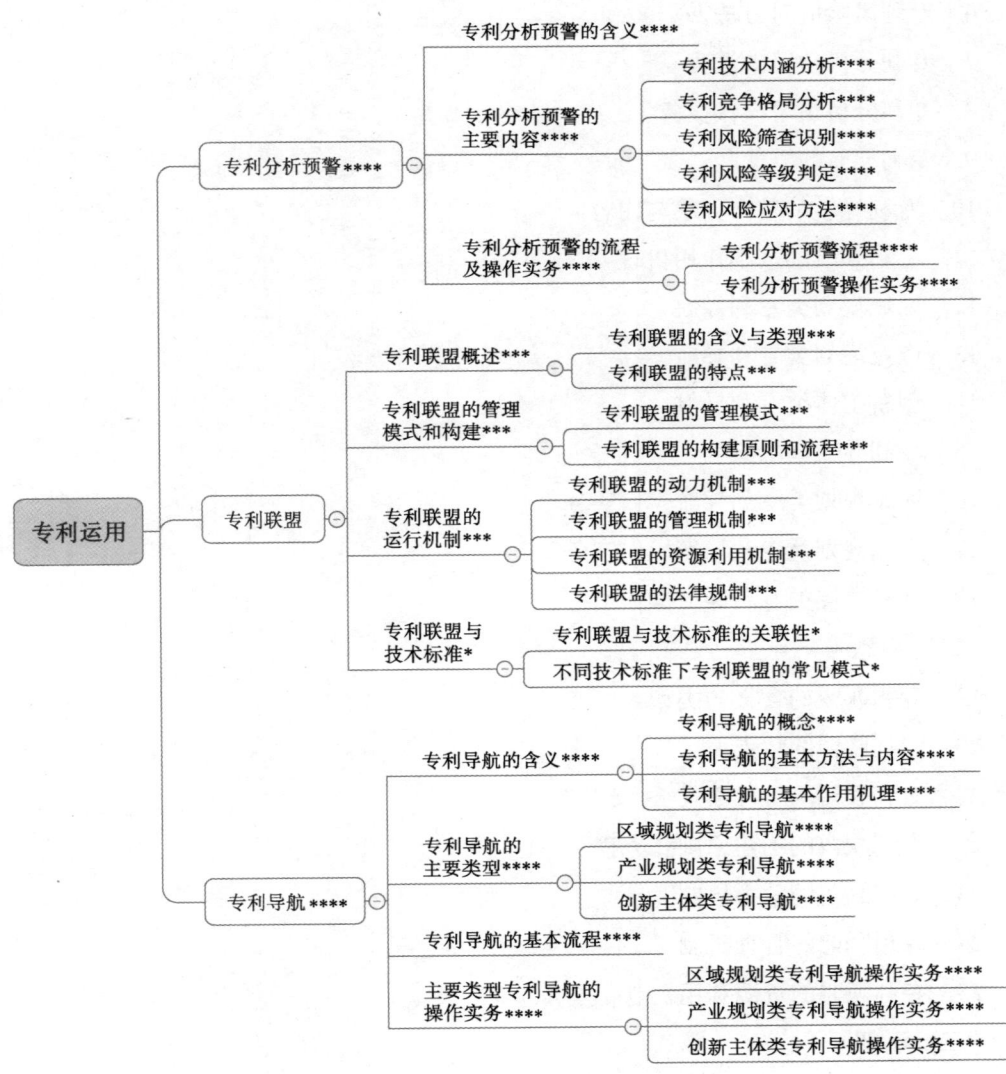

二、主要知识点

（一）掌握＊＊＊＊

1. 专利分析预警的含义
2. 专利技术内涵分析
3. 专利竞争格局分析
4. 专利风险筛查识别
5. 专利风险等级判定
6. 专利风险应对方法
7. 专利分析预警的流程
8. 专利分析预警操作实务
9. 专利导航的概念
10. 专利导航的基本方法与内容
11. 专利导航的基本作用机理
12. 区域规划类专利导航
13. 产业规划类专利导航
14. 创新主体类专利导航
15. 专利导航基本流程
16. 区域规划类专利导航操作实务
17. 产业规划类专利导航操作实务
18. 创新主体类专利导航操作实务

（二）熟悉＊＊＊

19. 专利联盟的含义与类型
20. 专利联盟的特点
21. 专利联盟的管理模式
22. 专利联盟的构建原则和流程
23. 专利联盟的动力机制
24. 专利联盟的管理机制
25. 专利联盟的资源利用机制

（三）了解＊

26. 专利联盟与技术标准的关联性
27. 不同技术标准下专利联盟的常见模式

三、知识点解析

知识点一　专利分析预警的含义

■ 要求：掌握＊＊＊＊

含义	指在行为主体所进行的任何与专利有关的行为中，因管理疏忽或处置不当等风险行为而可能带来侵犯他人专利权或者被侵犯专利权从而造成损失的可能性
要点	行为主体：市场主体、创新主体和社会公众
	风险行为：影响风险发生和风险损失的各类因素和相关主体的行为
	相关举措：通过停止该行为、调整行为方式或提供其他辅助措施等对风险行为进行控制
	目的：降低或消除风险发生的可能性以及在风险不可避免时尽量减小给创新或市场主体带来的损失
	路径：分析问题—找出影响因素和相关主体—预警和规避

知识点二　专利技术内涵分析

■ 要求：掌握＊＊＊＊

内容和操作要点

模块名称	详细内容	操作要点
专利技术内涵分析	确定所分析对象的技术边界和技术内容，并据此提炼出相关技术的技术要点和关键技术特征	在根据专利技术内涵提炼梳理技术要点和关键技术特征时，需要由技术人员、产业专家和情报分析人员共同对所确定的技术内涵、技术要点和关键技术特征进行讨论，并根据技术特点和专利检索可行性形成技术项目分解
专利竞争格局分析	对相关技术领域的方法、产品及部分上下游直接关联技术的专利现状进行分析，摸清不同创新主体、市场乃至技术的专利竞争状况	摸清相关领域的专利技术发展趋势、专利地域分布、技术分布状况和权利及申请主体分布，还可以摸清整个技术领域不同技术发展路线的专利分布现状，以及不同创新或市场主体的专利竞争力状况
专利风险的筛查识别	发现和研判可能会威胁项目预期方案的风险专利并进行对比确认	风险专利不仅仅包括已经授权维持有效的专利，也包括已经公开尚处于审查状态的专利

续表

模块名称	详细内容	操作要点
专利风险的等级判定	综合研判专利风险等级的高低	重点对比必要技术特征,并利用归纳、推理等定性分析方法判定专利所采用的技术是否存在专利侵权风险的因素
专利风险应对方法	确定风险应对的策略,并选择相应的应对措施	常用的风险应对策略有风险规避、风险降低、风险接受等

知识点三 专利竞争格局分析

■ 要求:掌握 ****

内容和操作要点

模块名称	详细内容	操作要点
专利竞争格局分析	对相关技术领域的方法、产品及部分上下游直接关联技术的专利现状进行分析,摸清不同创新主体、市场乃至技术的专利竞争状况	摸清相关领域的专利技术发展趋势、专利地域分布、技术分布状况和权利及申请主体分布,还可以摸清整个技术领域不同技术发展路线的专利分布现状,以及不同创新或市场主体的专利竞争力状况

知识点四 专利风险筛查识别

■ 要求:掌握 ****

内容和操作要点

模块名称	详细内容	操作要点
专利风险的筛查识别	发现和研判可能会威胁项目预期方案的风险专利并进行对比确认	风险专利不仅仅包括已经授权维持有效的专利,也包括已经公开尚处于审查状态的专利

知识点五 专利风险等级判定

■ 要求:掌握 ****

内容和操作要点

模块名称	详细内容	操作要点
专利风险的等级判定	综合研判专利风险等级的高低	重点对比必要技术特征,并利用归纳、推理等定性分析方法判定专利所采用的技术是否存在专利侵权风险的因素

专利侵权分析判断表

研究对象的 产品或方法	相关 专利	比较 过程	全面 覆盖	等同 原则	侵权 判断	风险 等级
A+B+C	A+B+C	技术特征完全相同	是	×	侵权	高
A+B+C+D	A+B+C	产品或方法比相关专利增加一项或一项以上的技术特征	是	×	侵权	高
A+B+D	A+B+C	C 和 D 可能具有非实质性区别	否	可能	可能侵权	中
A+B	A+B+C	产品或方法比相关专利减少一项或一项以上的技术特征	否	否	不侵权	低
A+B+E	A+B+C	C 和 E 确定具有实质性区别	否	否	不侵权	无
D+E+F	A+B+C	技术特征完全不同	否	否	不侵权	无

注：专利侵权判断需以整体技术方案为对象进行比对。

知识点六 专利风险应对方法

■ 要求：掌握＊＊＊＊

内容和操作要点

模块名称	详细内容	操作要点
专利风险应对方法	确定风险应对的策略，并选择相应的应对措施	常用的风险应对策略有风险规避、风险降低、风险接受等

知识点七 专利分析预警的流程

■ 要求：掌握＊＊＊＊

专利分析预警的流程分为前期准备、数据采集、专利分析和报告撰写四步。

专利分析预警的流程与任务

阶段	任务
前期准备阶段	成立课题组，确定分析目标、研究技术背景、制订项目计划、选择数据源和软件工具
数据采集阶段	制定检索策略、专利检索、检索策略评审、数据加工
专利分析阶段	利用专利分析软件对最终专利数据库进行专利分析
报告撰写阶段	对专利分析工作的研究成果进行总结

知识点八　专利联盟的含义与类型

■ 要求：熟悉＊＊＊

专利联盟的含义

含义	由多个专利拥有者，为了能够彼此之间相互分享专利权或者统一对外进行专利许可而形成的一个正式或者非正式的战略联盟组织
要点	基础：共同的战略利益
	纽带：一定数量的相关的专利技术
	主要业务或功能： 内部：内部实现专利的交叉许可和协同运用，以及相互优惠使用彼此的专利技术 外部：共同发布联合许可
	运作方式：成立或委托专门的组织，或各成员之间通过协议的方式，负责联盟内部专利技术的管理和运营

专利联盟的主要类型

分类标准	类型划分
许可对象	开放式专利联盟、封闭式专利联盟和复合式专利联盟
运行的目的和动机	联合创新型、标准共建型、共同防御型、专利池构建型、专利运营型、投融资型
联盟中专利技术之间的关系	竞争性专利联盟和非竞争性专利联盟，其中非竞争性专利联盟又可以分为障碍性关系和互补性关系
运作模式	实体型联盟与松散型联盟
建立目的	主动布局型（进攻型）和被动布局型（防御型）

1）开放式专利联盟是指两个或两个以上的专利所有人结成专利联盟之后，以专利联盟的名义对外提供专利许可，并且按照联盟内部所指定的规则分配许可费的一种联盟形式。对第三方的许可是其设立的目的之一。专利联盟的专门管理机构在专利联盟中起着连接专利权人与第三方的重要的中介作用。

2）封闭式专利联盟是指两个或两个以上的专利所有人以分享各自的核心专利为目的组成专利联盟，并在联盟内部进行专利权人之间的专利交叉的联盟形式。设立该种专利联盟的目的是源于对彼此所持有的专利的某种需要。

3）复合式专利联盟则兼具封闭式和开放式专利联盟两者的特点，专利联盟成员不仅可以在联盟内部进行专利权交叉许可，也可以以专利联盟的名义向第三方被许可人提供专利许可并收取许可费。此种联盟有助于解决"专利丛林"问题，因此，在现在的市场上，复合式专利联盟最为常见。

知识点九　专利联盟的特点

■ 要求：熟悉＊＊＊

1. 技术集聚性和先进性

专利联盟中一般集结了同一领域的成员以及其在该领域内的核心专利，也集聚了领域内的巨头企业和顶尖研究机构，在技术标准的形成和制定中具有较重的话语权，因此专利联盟具有显而易见的技术优势，往往对整个行业都有重要影响。

2. 关系结构更为复杂

首先，专利联盟不仅涉及专利联盟与被许可人之间的权利义务关系，还涉及专利联盟内部专利权人（一般为联盟成员）之间的相互许可关系。其次，组成专利联盟的成员多元化，他们共同围绕专利技术所进行的合作、转移、转化等本身就存在复杂的权属、利益关系，并且专利联盟的运行还需要各成员方协同参与。

3. 专利联盟的管理和运行具有集中性

专利联盟将零散专利集中化管理和运行，对外，一般采取"一揽子"打包许可方式，并代表联盟成员解决专利纠纷等问题，简化了对外的复杂化程度；对内，专利联盟还需要对各成员进行集中管理和协调，建立统一和独立的管理运行实体。

知识点十　专利联盟的管理模式

■ 要求：熟悉＊＊＊

专利联盟的管理机制是指专利联盟管理机构所采用的管理方式方法。

管理机构是专利联盟对外承担责任的主体，代表联盟成员对外开展专利许可谈判、专利交易、诉讼维权等活动。同时还要代表联盟成员建立与政府、机构等的沟通联络，起到上传下达的作用。

类型	代表性联盟	特点
独任管理模式	DVD 6C 专利联盟	联盟企业同意将其必要 DVD 专利许可东芝，从而使东芝成为专利联盟的管理者，有权代表联盟对外许可联盟的必要专利以及自己的必要专利。同时，这六个企业都保留必要专利的独自许可权，同意设定一致的许可费率
第三方管理模式	H265 专利联盟	该联盟由杜比、飞利浦、三菱、通用电气、Technicolor 等组建，成立 HEVC Advance 有限责任公司作为独立的许可管理机构，组建后便迅速出台收费方案
合作式管理模式	北京市音视频产业知识产权联盟	联盟设立企业工作组，由联盟内各企业成员的高层领导和北京市知识产权局相关领导组成，负责联盟规章制度的起草，联盟内重大、战略性事务的讨论

知识点十一　专利联盟的构建原则和流程

■ 要求：熟悉＊＊＊

1. 专利联盟的构建原则

国家知识产权局发布了《产业知识产权联盟建设指南》以规范知识产权联盟的建设和管理运行，对专利联盟的构建提出了坚持市场导向、加强资源整合、创新服务内容三个原则。

坚持市场导向。以企业为主体，充分发挥市场在资源配置中的决定性作用，发挥知识产权制度对产业创新资源的配置力，建立和完善利益分配机制，激励高校院所、金融机构、知识产权服务机构、创业群体等开展产业专利协同运用。

加强资源整合。联盟应整合全产业链知识产权资源，凝聚行业创新力量，解决行业发展中的知识产权问题，降低产业创新成本，提升行业创新效率。依托知识产权资源，优化配置金融资源、技术资源、人力资源、政策资源等，提升产业创新驱动发展能力。

创新服务内容。联盟内坚持互利互助，丰富服务内容，为成员单位创新发展提供综合服务，提升知识产权运营水平。坚持开放共享，依托联盟内资源，运用互联网思维，构建开放的创新创业服务平台。

2. 专利联盟的构建流程

专利联盟构建流程一般包括发布召集公告、组织评审、专利联盟成员签订协议以及专利联盟最终建立。

知识点十二　专利联盟的动力机制

■ 要求：熟悉＊＊＊

1）建立专利联盟有利于消除专利授权和许可障碍，实现专利共享，有利于专利技术的推广应用，推动技术标准的制定实施。

2）建立专利联盟有利于降低交易经营成本，并获取专利使用许可费收入。

3）建立专利联盟有利于减少专利纠纷，降低诉讼成本。

4）建立专利联盟有利于促进研发与技术创新，开拓和保护市场。

5）专利联盟中的不同企业之间专利技术形成优势互补，可以创造出更大的市场价值。

6）产业技术标准化也在催生专利联盟产生和发展方面发挥了推动作用。一项技术标准一旦确立，标准中所含大量专利的许可问题可能变得错综复杂，成为标准推广的绊脚石。此时，相关专利权人结成专利联盟是解决这一问题的最佳方式。无论是MPEG-2、DVD还是3G等标准，都结成专利联盟成为标准推行中不可或缺的重要一环。

知识点十三　专利联盟的管理机制

■ 要求：熟悉＊＊＊

专利联盟的管理机构，一般应包括联盟成员代表大会、联盟理事会、秘书处、专家委员会等分支机构。

联盟全体成员单位委派代表组成联盟成员代表大会。代表大会是联盟的最高权力机构，负责制定联盟章程、制订联盟的发展规划、选举产生联盟理事会、决定联盟理事会提交的重大事项、审议联盟年度工作报告等工作事项。

联盟理事会由理事单位组成，为联盟决策机构，负责批准联盟成员加入、提请修改联盟章程、制订联盟年度工作计划、制定年度财务预算和决算报告、推动联盟各成员开展工作、监督联盟资金使用等重大事宜。

秘书处为联盟执行机构，对外代表联盟，负责联盟有关日常事务，根据需要召集会议，促进联盟成员之间的工作信息沟通。专家委员会为理事会的咨询机构，负责为联盟工作提供咨询和意见。

知识点十四　专利联盟的资源利用机制

■ 要求：熟悉＊＊＊

专利联盟的资源利用机制有多种方式，主要类型包括资源共享、利益共享和风险共担等形式。

1. 资源共享

专利联盟可以最大限度地满足联盟主体在专利许可过程中所需要的资源技术支持。实现专利联盟资源共享的两个典型渠道是交叉许可和联合创新。

2. 利益共享

专利联盟的利益共享机制关乎联盟内部的利益分配问题，对联盟的整体稳定性有重要的影响。专利联盟的直接利益来自专利的许可、转移等。专利联盟的间接利益来自推动联盟成员完善技术标准，完成专利布局，提高市场份额，增加联盟成员的竞争力，甚至形成垄断性优势。

3. 风险共担

专利联盟的联盟成员除了共同分享资源和利益之外，还要共同对专利风险进行抵御，共同应对外部专利侵权诉讼和专利风险。联盟成员共同防御和化解知识产权风险，合力应对涉外专利侵权纠纷等争端和挑战。

知识点十五　专利联盟的法律规制

■ 要求：熟悉＊＊＊

主要国家专利联盟的法律规制

国家	法律规制方向	法律依据
美国	系统性地对专利联盟的反垄断和限制竞争进行规制	《知识产权许可的反垄断指南》
欧盟	以禁止、豁免或单独豁免机制实现保护竞争的原则要求与合理商业需要之间的平衡	《欧盟竞争法》《欧共体条约》《技术转让集中豁免条例》《技术转让指南》

续表

国家	法律规制方向	法律依据
中国	鼓励专利联盟的建立，发挥联盟的积极作用，以及规范专利池的交叉许可和对外许可	散见于《中华人民共和国专利法》《中华人民共和国反垄断法》《中华人民共和国合同法》《中华人民共和国反不正当竞争法》《中华人民共和国对外贸易法》以及《最高人民法院关于审理技术合同纠纷案件适用法律若干问题的解释》《中华人民共和国技术进出口管理条例》《关于禁止滥用知识产权排除、限制竞争行为的规定》和《国家标准涉及专利的管理规定》

知识点十六　专利联盟与技术标准的关联性

■ 要求：了解 *

1) 在高技术产业之中，专利联盟与技术标准的一体化态势非常明显。
2) 专利制度为技术标准提供私有技术的有偿供给的保障。
3) 专利联盟能有效推进技术标准的制定和推广。
4) 技术标准间的竞争能够促进专利联盟的发展。

知识点十七　不同技术标准下专利联盟的常见模式

■ 要求：了解 *

技术标准	专利联盟	模式特点
MPEG-2 标准	MPEG-2 专利联盟	核心技术来源于 10 多家高校和企业的专利技术，汇集了各国 394 个"必不可少的发明专利"，以这些专利技术为依托，构建了 MPEG-2 标准的完备技术体系
		成立专利管理公司 MPEG LA（MPEG Licensing Authority），对专利、专利对外许可和许可费的分配等工作统筹管理。该公司既不是标准必要专利的专利权人，也不是标准必要专利的被许可人，而是一家专门进行专利授权代理的公司
		每一个专利权人都应授予 MPEG LA 非排他性专利许可，同时保留独立对外授权的权力

续表

技术标准	专利联盟	模式特点
DVD-Video播放、DVD-ROM驱动等技术的必要专利	DVD 6C Licensing Group	日立、松下电气、三菱电机、时代华纳、东芝、日本胜利六家公司组成的专利联盟
		东芝为专利联盟的管理者，有权代表联盟对外许可联盟的必要专利以及自己的必要专利。同时，这六个企业都保留必要专利的独自许可权，同意设定一致的许可费率
数字电视传输标准	中国彩电专利联盟	主要从事知识产权服务，专门负责解决成员企业与美国数字电视标准中专利权持有人的知识产权问题
		管理架构采用董事会形式，包括董事长、总经理以及若干名董事和监事
		主要工作包括代表成员集体应对相关的知识产权诉讼和谈判，合理获取积极的谈判结果；组建中国彩电行业的专利池；推进标准制定，建立战略联盟

知识点十八 专利导航的概念

■ 要求：掌握 * * * *

含义	运用产业、技术、市场、专利等多维度大数据对特定研究对象在相关领域所面临的产业、专利、技术竞争进行结构化分析，为其实现创新发展和核心竞争力提升提供决策支撑和发展路径指引的研究范式
特定研究对象	特定区域可以是行政区，也可以是产业园区，还可以是松散的产业集聚区等
	特定产业主要是指工业，尤其是制造业中的技术、专利密集型产业、战略性新兴产业等
	特定创新主体包括企业和从事创新活动的高校、科研院所等
相关领域	某一具体的技术领域
	某一特定产品
目标	明晰自身在产业链、技术链、创新链中所处的发展定位和优劣势
	前瞻性研判可能的发展风险及挑战
	明确未来发展方向和可能的发展路径
	提供专利视角下的策略举措支持
应用场景	制定发展规划
	支撑创新决策
	引领技术研发
	优化成果保护
	获取竞争优势

知识点十九　专利导航的基本研究方法与内容

■ 要求：掌握＊＊＊＊

1. 专利导航的研究方法

1）方法：专利大数据分析、综合性情报研究和挖掘分析的方法。

2）手段：综合运用专利情报分析、产业竞争分析、市场价值分析手段，结合产业、技术、市场以及龙头企业知识产权战略等多维度情报研究分析。

3）基本思路：全景分析—方向识别—定位研究—风险预判—路线图绘制。

2. 专利导航的研究内容

1）发展全景分析：分析特定区域、特定产业、特定创新主体在相关领域面临的国际国内专利技术发展形势和竞争全景。

2）发展方向分析：分析特定产业技术领域的发展趋势和方向以及可能的发展路径等。

3）发展定位分析：分析特定区域、特定产业、特定创新主体在相关领域的专利和技术储备、优劣势以及实力定位等。

4）发展风险分析：筛查、识别、研判和权衡各种发展路径的专利技术壁垒和风险。

5）发展路线图分析：重点进行特定区域、特定产业、特定创新主体在相关领域可能的发展方向研判及配套策略、举措、路线图的设计等。

知识点二十　专利导航的基本作用机理

■ 要求：掌握＊＊＊＊

1）专利与市场利益驱动之间的紧密关联，专利导航具有客观反映专利权利主体市场意图的基本作用。世界各国专利制度建立的初衷在于通过赋予专利权利主体一定时间内的专有利益，来鼓励其积极投入技术创新，这就促使专利申请人在提交专利申请时，相关申请是否可能带来市场利益将不可避免成为一大决策考量因素。借此，专利导航可以客观、贴近真实地反映相关产业主要的市场主体和创新主体的市场意图。

2）专利与产业技术体系之间的映射关系，专利导航具有客观再现产业专利技术竞争格局的基本作用。在全球专利大数据的有力支撑下，基于绝大多数技术创新成果在专利信息中的完整记载和呈现，通过专利导航的梳理分析，能够为导航服务对象客观、全面、准确地厘清和再现相关产业专利技术竞争与合作的基本格局。

3）专利导航具有回溯产业技术发展路径并预见未来趋势的基本作用。依托专利导航，将可以客观、完整、系统地回溯过去产业技术演进发展的状况并进而合理预见未来一段时期产业技术演进发展的趋势和方向。

4）专利文献蕴含了专利、技术、产业、国别、主体等多维信息，专利导航具有将这些海量多维信息进行整合关联的基本作用。由于专利文献融汇多维信息的缘故，使得专利导航可以有效响应并联通不同方面对零散的多维信息的需求，在从零散到集聚整合的过程中，实现情报信息的有效析出和情报价值的显著提升。

知识点二十一　专利导航的主要类型

■ 要求：掌握＊＊＊＊

1. 区域规划类专利导航

含义	为制定区域产业发展规划决策提供专利视角导航指引的分析范式
目标	对区域宏观层面的规划决策提供决策支撑和研究支持
	为区域内产业转型升级、技术创新发展、战略布局规划等提供方向指引
三个要点	服务对象：各级地方行政区域、产业园区、产业集聚区等经济区域内的有关部门
	针对问题：特定区域内产业转型升级、布局规划或创新发展的重大问题，是针对区域内技术创新相关要素资源禀赋、产业转型升级、技术创新能力和发展趋势的全景摸查和指引
	分析对象：对区域内的产业技术创新状况及面临的竞争形势进行全面分析，明确区域产业发展方向，重点聚焦相应的产业布局、技术创新布局、创新资源优化配置、知识产权培育储备与布局等规划建议的研究

2. 产业规划类专利导航

含义	为制定产业技术创新发展规划提供专利视角导航指引的分析范式
目标	对产业宏观层面的规划决策和创新资源配置决策提供研究支持
	为产业转型升级、创新生态构建、技术创新布局、竞争态势改善等提供方向指引
三个要点	服务对象：产业主管部门或行业机构
	针对问题：特定产业的创新发展布局、产业转型升级等重大问题，产业技术创新状况及面临的竞争形势
	分析对象：帮助产业主管部门或行业机构找准产业发展方向、明晰产业定位、优化产业创新资源配置、促进产业技术创新整体质量和效益显著提升的最优路径和最佳解决方案

3. 创新主体类专利导航

含义	为创新主体的决策和管理提供专利视角导航指引的分析范式
目标	面向企业和科研院所等各类创新主体的微观经营、研发活动
	成果主要用于支持创新主体的战略合作、市场经营、项目决策、投资融资、技术研发、并购交易、风险防控、成果转移转化等活动
三个要点	服务对象：企业和科研院所等创新主体
	针对问题：企业和科研院所生产经营、创新活动等过程中产生的具体诉求或问题
	分析对象：对企业和科研院所具体诉求和问题的响应和解决，诸如技术研发项目攻关导航、专利技术壁垒与风险防控导航、企业并购导航、技术并购导航、技术人才引进导航等

第五章 商标基础
CHAPTER 5

一、基本内容框架

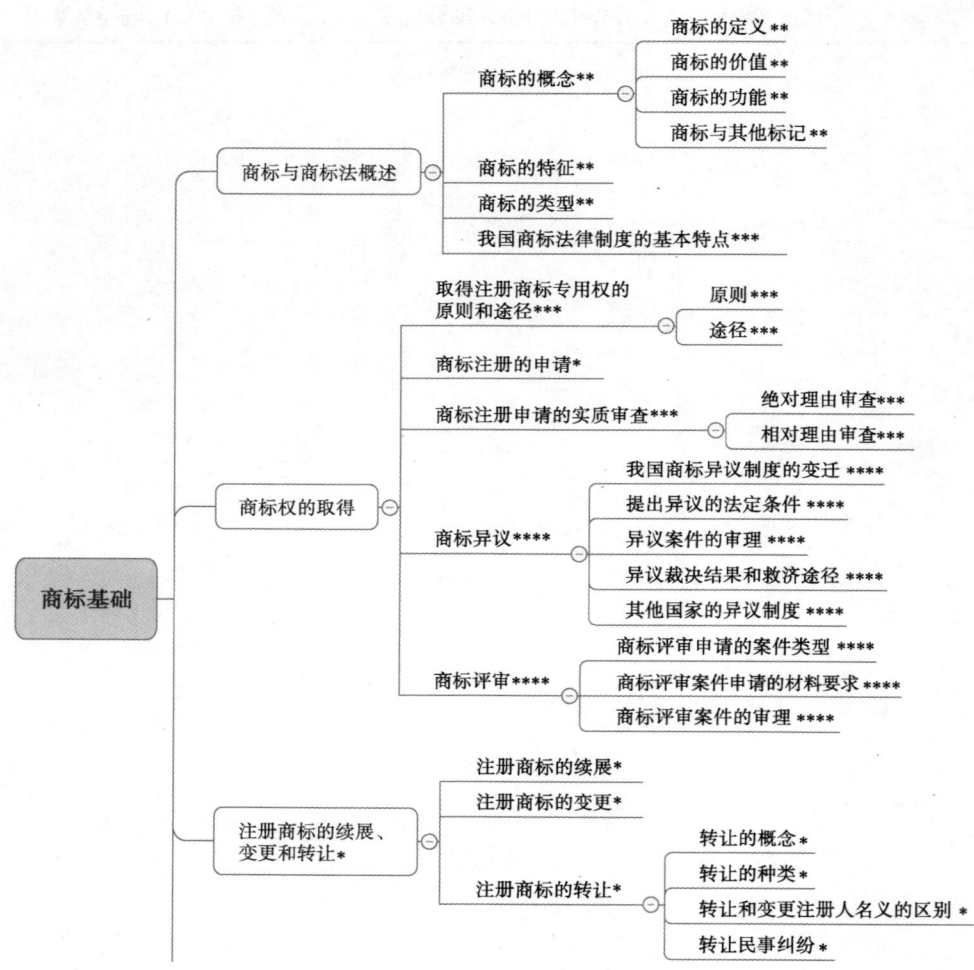

第五章 商标基础

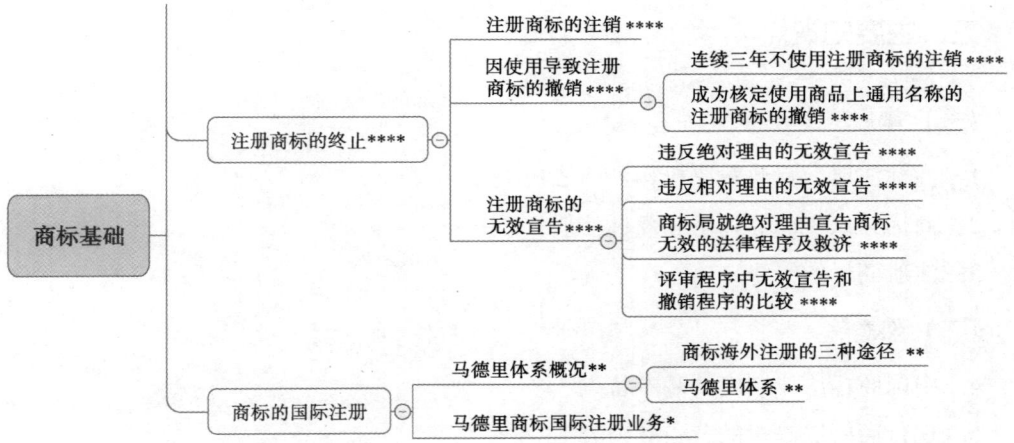

二、主要知识点

（一）掌握 ＊＊＊＊

1. 商标注册、行政裁决机构及执法机关
2. 商标异议、商标评审和商标注册
3. 注册商标的终止

（二）熟悉 ＊＊＊

4. 中国商标法律制度的基本特点
5. 现行商标法修正的背景和内容
6. 取得注册商标专用权的原则和途径
7. 商标注册申请的实质审查

（三）理解 ＊＊

8. 商标和商标法概述
9. 马德里商标国际注册体系概况
10. 马德里国际注册与逐一国家注册的差别

（四）了解 ＊

11. 商标注册的申请
12. 注册商标的续展变更和转让
13. 马德里商标国际注册的申请、审查和后续业务

三、知识点解析

知识点一　商标的定义

■ 要求：理解＊＊

任何能够将自然人、法人或者其他组织的商品（服务）与他人的商品（服务）区别开的标志，包括文字、图形、字母、数字、三维标志、颜色组合和声音等，以及上述要素的组合，均可以作为商标申请注册。

知识点二　商标的价值

■ 要求：理解＊＊

商标的价值完全来自它所标记的商品或服务，是由商品或服务质量建立起来的商誉累积而产生的。商标所代表的财产权，是产品或服务的商誉的反映。

知识点三　商标的功能

■ 要求：理解＊＊

商标具有识别功能、品质保证功能、广告及竞争功能。

知识点四　商标与其他标记

■ 要求：理解＊＊

商标与字号	商标：特定商品或服务的标志； 字号：企业名称的组成部分，是营业主本身的标志
	商标：可以由文字、图形、文字和图形的组合、三维标志、颜色组合、声音等构成； 字号：只能采用文字形式
	商标：注册商标在全国范围受法律保护； 字号：仅在企业所在地登记的行政区域内受保护

续表

商标与商品的装潢	商标：目的在于区别商品或服务的来源； 装潢：更主要的目的在于美化、彰显商品或服务
	商标：建立在经营者与商品或服务的联系上，具有一定的稳定性； 装潢：随着市场需要、人们审美情趣变化而变化
	商标：具有显著性，不能直接反映商品或服务的名称、图形及特点； 装潢：尽可能反映商品或服务本身的特点
商标与商务标语	商务标语是经营者为了推销自己的商品或服务而使用的宣传广告形象或文字，它往往与商标同时出现，会随着经营者营销战略的调整而改变
商标与通用标记	通用标记指表示商品特性、品质、用途的行业标记，一般不具有任何区别来源的作用，例如，"HB"表示铅笔笔芯的硬度
商标与特殊标志	特殊标志是指全国性和国际性的文化、体育、科学研究及其他社会公益活动所使用的，由文字、图形组成的名称及缩写、会徽、吉祥物等标志。特殊标志的所有人是文化、体育、科学研究及其他公益活动的主办者；通过在商品上使用特殊标志募得的资金必须用于特殊标志所服务的社会公益事业；并不具有区别商品不同来源的功能，也不具有品质保证的功能

知识点五　商标的特征

■ 要求：理解＊＊

商标是一种可以为人所感知的符号；必须依附于商品或服务而存在；必须具有显著性，区别商品或服务来源是商标的本质特征。

知识点六　商标的类型

■ 要求：理解＊＊

按照商标使用对象不同划分	商品商标：使用在商品上的商标
	服务商标：使用在提供的服务上的商标
按照标志的功能不同划分	普通商标：自然人、法人或者其他组织在自己生产、制造、加工、拣选、经销的商品或者提供的服务上使用的用于区别他人商品或服务的标志
	集体商标：以团体、协会或者其他组织名义注册，供该组织成员在商事活动中使用，以表明使用者在该组织中的成员资格的标志，如"镇江香醋"。集体商标无法区分集体成员之间的商品或服务来源，需要通过各自的商标加以区分
	证明商标：由对某种商品或者服务具有监督能力的组织所控制，而由该组织以外的单位或者个人使用于其商品或者服务，用于证明该商品或者服务的原产地、原料、制造方法、质量或者其他特定品质的标志，如"绿色食品"标志

续表

根据赋权管理的不同划分	注册商标：经商标行政管理机关核准注册的商标，即已刊登有效注册公告的商标
	未注册商标：未经商标行政管理机关核准注册的商标，包括未提出注册申请的商标、已申请注册但处于审查过程的商标，以及经商标行政管理机关初步审定已刊登初步审定公告、尚未刊登注册公告的商标

知识点七　我国商标法律制度的基本特点

■ 要求：熟悉＊＊＊

1. 商标专用权受法律保护

商标权是商标权人独占性享有该商标的权利。注册商标的专用权以核准注册的商标和核定使用的商品为限。

2. 申请在先、兼顾使用在先原则

该原则体现在《商标法》第31条。一般情况下，遵循申请在先原则，核准申请在先的商标；同一天申请的，初步审定使用在先的商标注册申请。

3. 全面审查申请注册商标

国家知识产权局对商标注册申请适用全面审查制度，包括形式审查和实质审查两个方面。

4. 禁止恶意注册

2019年修正的《商标法》对商标恶意申请以及不以使用为目的的申请注册商标行为进行遏制，并将其禁止性规定贯穿于整个商标申请注册和权益保护程序中，责任主体既包括申请人和权利人，也包括商标代理机构；既体现在行政确权程序，也延及司法诉讼程序。其中《商标法》第4条增强了商标使用义务，增加"不以使用为目的的恶意商标注册申请，应当予以驳回"的规定；第19条规范商标代理行为条款增加了"商标代理机构知道或者应当知道委托人存在恶意注册行为的不得接受委托"的规定；《商标法》还对申请人、商标代理机构恶意申请商标注册、恶意诉讼的行为规定了处罚措施。

国家市场监督管理总局2019年颁布的《规范商标申请注册行为若干规定》，进一步明确了申请商标注册和从事商标代理的要求，规定了《商标法》第4条进行审查时的考量因素、第68条行政处罚的适用情形和处罚幅度。

5. 保护商标专用权与保护消费者利益并重

《商标法》第1条明确了立法宗旨：为了加强商标管理，保护商标专用权，促使生产、经营者保证商品和服务质量，维护商标信誉，以保障消费者和生产、经营者的利益，促进社会主义市场经济的发展。

6. 行政保护与司法保护并举

行政机关不仅负责商标注册，也通过监管和规范商标使用行为，特别是依据行政执法职能打击商标侵权行为，对商标专用权给予保护。《商标法》第60条规定，侵犯注册商标专用权引起纠纷的，"由当事人协商解决；不愿协商或者协商不成的，商标注册人或者利害关系人可以向人民法院起诉，也可以请求工商行政管理部门处理"。

知识点八 取得注册商标专用权的原则和途径

■ 要求：熟悉＊＊＊

1. 原则

原则	含义
使用原则	以商标使用的客观事实为基础，根据使用的先后确定商标权的归属，根据使用的地域确定商标权的效力范围
注册原则	以注册作为商标权取得的根据，由商标注册申请在先者取得商标权。我国以注册制为基础，兼顾使用
混合原则	商标权需经申请注册才能取得，但是在核准注册后的一定时间内，在先使用人可以使用在先为由提出撤销在同一种或类似商品或服务上已注册的与自己在先使用的商标相同或近似的商标

2. 途径

依法申请注册：《商标法》规定了商标自愿注册原则，同时第6条又规定，法律、行政法规规定必须使用注册商标的商品，必须申请商标注册，未经核准注册的，不得在市场销售。此项规定体现了法律对人类健康和社会公共利益的保护（如烟草需注册才能销售）。

未注册商标获得保护的例外，体现在《商标法》第13条第2款和第3款对"驰名商标"保护的规定，第15条对"恶意抢注"的禁止性规定，和第32条后半段对"以不正当手段抢先注册他人已经使用并有一定影响的商标"的禁止性规定。

知识点九　商标注册的申请

■ 要求：了解 *

商标注册的申请是根据自愿注册原则，依法向国家知识产权局提出《商标注册申请书》和有关文件，并缴纳规费的程序。申请注册的商标应当有显著特征，并不得与他人在先取得的合法权利相冲突。党政机关不能作为申请人申请商标注册。

知识点十　商标注册申请的实质审查

■ 要求：熟悉 * * *

实质审查包括两方面：一是禁止性条款的审查，也称为绝对理由的审查；二是在同一种或类似商品（或服务）上与他人在先商标相同或者近似的审查，也称为相对理由的审查。

1. 绝对理由审查

绝对理由审查是指审查商标注册申请是否违反《商标法》禁止注册或使用的规定。法律依据主要包括：第4条（不以使用为目的的恶意商标注册申请）；第10条（不得作为商标使用的标志）；第11条（缺乏显著性的标志）；第12条（缺乏显著特征的三维标志）；第19条第4款（商标代理机构不得申请注册的商标）。

《商标法》第10条规定了不得作为商标使用的标志：①同中华人民共和国的国家名称、国旗、国徽、国歌、军旗、军徽、军歌、勋章等相同或者近似的，以及同中央国家机关的名称、标志、所在地特定地点的名称或者标志性建筑物的名称、图形相同的；②同外国的国家名称、国旗、国徽、军旗等相同或者近似的，但经该国政府同意的除外；③同政府间国际组织的名称、旗帜、徽记等相同或者近似的，但经该组织同意或者不易误导公众的除外；④与表明实施控制、予以保证的官方标志、检验印记相同或者近似的，但经授权的除外；⑤同"红十字""红新月"的名称、标志相同或者近似的；⑥带有民族歧视性的；⑦带有欺骗性，容易使公众对商品的质量等特点或者产地产生误认的；⑧有害于社会主义道德风尚或者有其他不良影响的；⑨县级以上行政区划的地名或者公众知晓的外国地名（具有其他含义的，作为集体、证明商标的组成部分的和已经注册使用的地名商标除外）。

《商标法》第11条规定了不得作为商标注册的标志：①仅有本商品的通用名称、

图形、型号的；②仅直接表示商品的质量、主要原料、功能、用途、重量、数量及其他特点的；③其他缺乏显著特征的（经过使用取得显著性的除外）。

2. 相对理由审查

相对理由审查指商标相同、近似的审查，法律依据主要包括《商标法》第30条和31条。国家知识产权局决定申请注册的商标是否予以注册或者驳回，主要考虑该商标与享有在先权的商标是否相同或者近似，指定使用的商品（服务）是否属于同一种或者类似商品（服务）。

知识点十一　我国商标异议制度的变迁

■ 要求：掌握 ＊＊＊＊

商标异议制度，是指当事人在法定期限内，对国家知识产权局初步审定公告的商标提出不同意见，请求撤销对该商标的初步审定，由国家知识产权局依法作出准予注册或不予注册决定的制度。

1983年《商标法》对异议制度作出了规定。2013年《商标法》的修正对异议制度作出重要修改：一是限定了异议主体资格，删除《商标法》规定任何人在异议期内能以任何理由提出异议的规定；二是对异议理由进行限制，但保留了对可能侵害公共利益的初步审定的商标，任何人可以提出异议的规定，回归了异议制度的立法初衷；三是简化异议确权程序，国家知识产权局作出异议不成立、被异议商标准予注册决定的，直接发给商标注册证并予以公告。此次修改有利于提高异议效率，防范恶意异议，缩短注册周期；有利于提高公众的法制意识，增强异议制度的权威性，维护各方的合法权益。

知识点十二　提出异议的法定条件

■ 要求：掌握 ＊＊＊＊

异议期限	异议的法定期限为自初步审定公告之日起3个月
异议理由	绝对理由：指被异议商标可能违反《商标法》中禁止注册或使用的规定
	相对理由：指被异议商标可能损害他人的在先权利或者合法利益
异议主体	以绝对理由提出异议申请的，异议人可以为任何单位或个人
	以相对理由提出异议申请的，异议人应为在先权利人和利害关系人

知识点十三　异议案件的审理

■ 要求：掌握＊＊＊＊

商标异议案件的审查包括形式审查和实质审查。

1. 异议案件事由

异议案件事由包括：①被异议商标违反商标禁止注册条款或者缺乏显著特征；②异议人认为其引证商标为驰名商标，要求给予扩大范围保护；③代理人或代表人恶意申请注册被代理人、被代表人商标；④异议商标和被异议商标构成同一种商品（服务）或类似商品（服务）上的相同或近似商标；⑤被异议商标侵害他人在先权利，以不正当手段抢先注册他人已经使用并有一定影响的商标。

2. 异议案件审理和实质审查的联系与区别

1）二者的审查标准原则上是一致的，但又不完全相同。例如，异议案件审理中有关商标是否近似的判断体现"个案"原则。

2）商标注册申请审查属于主动审查，异议案件审理属于被动审查。

3）适用法律条款不同。异议案件审理除了适用商标实质审查中《商标法》的相关条款外，还适用《商标法》第13条第2款和第3款、第15条和第32条的规定。

知识点十四　异议裁决结果和救济途径

■ 要求：掌握＊＊＊＊

异议成立，国家知识产权局作出不予核准被异议商标注册决定，被异议人不服的，可以自收到通知之日起15日内向国家知识产权局申请不予注册复审，被异议人对复审决定不服的，可以自收到决定之日起30日内向人民法院起诉。

异议不成立，国家知识产权局作出准予被异议商标注册决定，商标专用权自初步审定公告三个月期满之日起计算。异议人不服的，在被异议商标获准注册后，异议人可以向国家知识产权局提出无效宣告申请，异议人对无效宣告决定不服的，可以自收到决定之日起30日内向人民法院起诉。

知识点十五　其他国家的异议制度

■ 要求：掌握 ＊＊＊＊

美国：美国商标注册采取使用原则。美国的异议制度与中国相似，需在商标核准注册前提出异议，属异议前置。专利商标局在官方公报中对通过实质审查的商标予以公布，并在公布之日向申请人送达公布通知书。在商标公布后30日内，如果有任何人认为会损害其利益，可以向美国专利商标局内的商标审理与上诉委员会提出异议。如果任何一方当事人不服委员会裁定，可以向联邦巡回上诉法院提出上诉。

日本：现行日本商标法采用异议后置。任何人均能够在从商标公报发行之日起的两个月内，向特许厅长官提出异议。特许厅商标审判部会进行全面审查，审理异议案件不受商标异议人异议理由范围限制，审判部可以依职权审理自己认为需要审理的事由，审理范围与异议人提出的异议理由不直接对应，特别是，请求宣告商标无效的请求人曾以相同的事实和理由提出异议的，特许厅对于其无效请求仍予以受理，这亦是日本异议制度的突出特色。

知识点十六　商标评审申请的案件类型

■ 要求：掌握 ＊＊＊＊

1. 案件类型

商标评审是一种行政体制内的救济手段和纠纷解决机制。商标评审案件受案范围包括以下五种：

1）驳回复审，是指商标注册申请被驳回后，申请人向国家知识产权局申请复审。

2）不予注册复审，是指在商标异议程序中，国家知识产权局经审查作出不予核准被异议商标注册决定，被异议人申请复审。而对核准被异议商标注册决定，异议人不服的，需待被异议商标核准注册公告之后，提出无效宣告申请。

3）撤销复审，撤销复审案件涉及的撤销事由有三种：一是商标注册人在使用注册商标的过程中，自行改变注册商标、注册人名义、地址或者其他注册事项，经地方市场监督管理部门责令限期改正拒不改正的，国家知识产权局依职权主动作出撤销其注册的决定；二是注册商标成为其核定使用的商品的通用名称；三是注册商标没有正当理由连续三年不使用。

4)无效宣告复审,国家知识产权局基于绝对理由依职权主动对注册商标宣告无效,当事人不服无效宣告决定,申请复审。

5)无效宣告,任何人基于绝对理由,或者在先权利人或利害关系人基于相对理由,请求国家知识产权局对争议商标的注册作出宣告无效的裁定。

涉及商标通用名称的案件有两种情形:一是将固有通用名称注册为商标,如"苹果"之于水果商品,违反了《商标法》第11条的规定,应通过无效程序予以纠正;二是商标注册申请注册或核准注册时具有显著性,但由于使用和保护不当导致其退化为行业内通用名称,应通过商标行政管理程序解决,由《商标法》第3次修正后第49条第2款调整,是一种新的撤销事由。

针对恶意注册,国家知识产权局制定了突破《类似商品和服务区分表》的审理标准:一是"一案一议",即个案适用;二是只有其他法律条款无法适用时才可采用。适用要件包括:①在先商标具有较强的显著特征;②在先商标具有一定的知名度;③系争商标与在先商标具有较高的近似度;④系争商标指定的商品或服务与在先商标核定使用的商品或服务具有较强的关联性;⑤系争商标所有人主观恶意明显;⑥系争商标的注册或者使用容易导致相关公众混淆和误认。

2. 法定期限和主体资格

类型	法定期限	主体资格
驳回复审	收到通知之日起15日内	被驳回商标注册申请人
不予注册复审	收到通知之日起15日内	原商标异议案件被异议人
撤销复审	收到通知之日起15日内	被撤销商标注册人或要求撤销注册商标的申请人
无效宣告复审	收到通知之日起15日内	被宣告无效的商标注册人
无效宣告	基于绝对理由提起的无效宣告,任何人在其注册后的任何时间均可向商标评审部门提起无效宣告请求	任何单位和个人
	基于相对理由提起的无效宣告,法定期限为自商标注册之日起5年内。但是,恶意注册他人驰名商标的,不受5年的时间限制	在先权利人或利害关系人

知识点十七 商标评审案件申请的材料要求

■ 要求:掌握 * * * *

《商标评审规则》以部门规章的形式对商标评审的各个环节作了详尽的程序性规

定。涉及形式审查的包括当事人提出评审申请的方式和途径，提交各类型商标评审申请的主体资格，提出评审案件申请的材料要求，答辩，提交补正材料和补充证据材料的期限，质证及证据规则等。

答辩：商标评审申请有被申请人的，商标评审部门受理后，应将申请书副本及有关证据材料送达被申请人，被申请人应当自收到申请材料之日起30日内书面提交答辩意见。

提交补正材料和补充证据材料的期限：商标评审申请材料、答辩材料或原异议人意见经审查认为需要补正的，当事人应自收到补正通知书之日起30日内补正。申请人在首次提交申请书件后需要补充有关证据材料的，应在申请书中声明，并自提交申请书之日起3个月内一次性提交；被申请人需要在答辩后补充有关证据材料的，应当在答辩书中声明，并自提交答辩书之日起3个月内一次性提交。

质证：对当事人在法定期限内提供的证据材料，有对方当事人的，国家知识产权局应当将该证据材料副本送达对方当事人。当事人应当在收到之日起30日内进行质证，国家知识产权局对未经交换质证的证据不予采信。

证据规则：涉案证据包括书证、物证、视听资料、电子数据、证人证言、鉴定意见、当事人的陈述等形式，与司法部门对证据的要求一致。

知识点十八　商标评审案件的审理

■ 要求：掌握＊＊＊＊

1. 评审案件的审理特点

具有准司法性质的行政程序：准司法性体现在审理持中立立场，由三人以上单数评审人员组成合议组居中裁决，遵循少数服从多数原则；申请、答辩、质证等审理程序完整，评审决定所依据的主要证据必须经过双方当事人交叉质证；充分保障当事人的知情权、参与权和辩论权。行政性主要体现后续司法审查属于行政机关与当事人之间的行政诉讼，而非当事人之间的知识产权民事诉讼。

审理方式：采取书面审理方式，但根据当事人的请求或者案件审理的实际需要，评审部门可以决定对评审申请进行口头审理。

审限要求：驳回复审、撤销复审、无效宣告复审和基于绝对理由的无效宣告案件审限为9个月内，因特殊情况需要延长的，经批准可以延长3个月；不予注册复审和基于相对理由的无效宣告案件审限为12个月内，经批准可以延长6个月。

鼓励通过和解、调解方式解决商标确权纠纷：以和解、调解方式解决争端时，不应当违背商标确权的一般原则，即前提合法性。《商标评审规则》第 8 条强调，和解调解应"在顾及社会公共利益、第三方权利的前提下"进行，以确保社会公共利益和第三方正当权益不受损害。

评审文书公开：自 2017 年 12 月 28 日起，除按照有关规定不予公开的裁定文书外，所有商标评审文书均在裁决书自邮递送交当事人 20 天后在商标评审网站的评审文书栏目公开，接受社会监督。

2. 驳回复审中的审查意见书制度

在驳回复审案件中，如果国家知识产权局的驳回理由不准确或不全面，评审部门将依职权主动适用《商标法》第 10 条、第 11 条、第 12 条和第 16 条第 1 款规定进行全面审查，增加或转换驳回理由。在此情况下，评审部门将发出《审查意见通知书》，告知申请人新的驳回理由，以保障申请人对新驳回理由申辩和举证的权利。此种审查仅限于商标的禁止使用和禁止注册条款，不增加基于相对条款的驳回理由，不增加引证商标。

3. 不予注册复审

该类型案件的审理范围包括：国家知识产权局作出的不予核准注册的异议决定；异议人在复审中提出的事实、理由和主张；原异议人的复审意见。商品范围仅限于异议决定不予注册的部分或全部商品；异议理由范围仅限于原异议人向国家知识产权局提出的异议理由，在国家知识产权局作出异议裁定的基础超出原异议人异议理由的情况下，异议决定的该部分理由不属于复审范围。涉及相对理由的不予注册复审案件，重点审查原异议人证据中在被异议商标申请日期之前形成的证据，以判定被异议商标在注册申请当时是否符合商标法的规定。

4. 撤销复审

撤销复审案件涉及的最主要撤销事由为没有正当理由连续 3 年不使用。2013 年《商标法》修正后新增了"该商标已经成为其核定使用的商品的通用名称"的事由。

连续三年不使用撤销复审：该类案件中复审商标使用的举证责任由商标注册人承担。与撤销程序不同的是，撤销复审程序采信的证据必须经过双方当事人质证。商标权人有真实使用商标的意图，并且有实际使用的必要准备，因其他客观原因尚未实际使用注册商标的，可以认定其有不使用的正当理由。不可抗力、政府政策性限制、破产清算，也属于不使用的正当理由，不能因上述情形中止、中断、延长或压缩"连续 3

年"的期间。

成为其核定使用的商品的通用名称：出于防止垄断公共资源的目的，注册商标退化为其核定使用的商品的通用名称的，任何单位或者个人可以向国家知识产权局申请撤销该商标。举证责任在撤销申请人。

注册商标退化为本商品通用名称，一般有两种原因：一方面是注册人使用不当，如注册人自己将取得专用权的商标作为商品名称使用、宣传，则应自行承担不利后果；另一方面在于他人使用，包括竞争对手等第三方将注册商标作为商品名称使用，或他人在辞典、著作、媒体宣传中将商标作为商品名称使用。这种情形，需要区分商标权人是否积极行使其权利。

关于通用名称问题的不同程序选择：一是将固有通用名称注册为商标，违反了《商标法》第 11 条的规定，应通过无效程序予以纠正；二是商标申请注册或核准注册时具有显著性，但由于使用和保护不当导致其退化为行业内通用名称，应通过商标行政管理程序解决，是一种新的撤销事由。

知识点十九　注册商标的续展

■ 要求：了解 *

注册商标续展注册制度是商标权与其他类型知识产权的一项重要区别特征。《商标法》规定，注册商标有效期满，需要继续使用的，商标注册人应当在期满前 12 个月内办理续展手续；在此期间未能办理的，可以给予 6 个月的宽展期。每次续展注册的有效期为 10 年，自该商标上一届有效期满次日起计算。

知识点二十　注册商标的变更

■ 要求：了解 *

申请人变更其名义、地址、代理人、文件接收人或者删减指定的商品的，应当向国家知识产权局办理变更手续。这是法律规定注册人应当履行的义务，不履行该义务的，根据《商标法》第 49 条第 1 款的规定，自行改变注册人名义、地址或者其他注册事项的，由地方市场监督管理部门责令限期改正；拒不改正的，由国家知识产权局撤销其注册商标。

变更商标注册人名义或者地址的，应当将其全部注册商标一并变更，未一并变更的，由国家知识产权局通知其限期改正；期满未改正的，视为放弃变更申请，国家知识产权局应当书面通知申请人。

知识点二十一　注册商标的转让

■ 要求：了解 *

1. 商标转让的概念

商标权利的取得有两种途径，一种是原始取得，即通过申请商标注册经核准后而获得商标权；另一种是继受取得，即商标权不是最初直接由商标注册机关授予，而是以市场上已经存在的商标权利为依据，通过继承或转让等方式获得商标权。

转让注册商标的，转让人和受让人应当签订转让协议，并共同向国家知识产权局提出申请。商标注册人对其在同一种商品上注册的近似的商标，或者在类似商品上注册的相同或者近似的商标，应当一并转让。

注册商标因转让以外的继承等其他事由发生移转的，接受该注册商标专用权的当事人应当凭有关证明文件或者法律文书到国家知识产权局办理注册商标专用权移转手续。

2. 商标转让的种类

转让主要有合同转让和继承转让两种方式。合同转让是指商标所有人根据自己的意志，按照一定的条件通过签订转让合同，将自己享有的注册商标权转让给他人，也称契约转让。继承转让（商标移转）是以继承、遗产分配和承继等形式取得商标权的一种方式，是指注册商标所有人死亡或终止后，由承继其权利的义务的自然人、法人或者其他组织继受其注册商标专用权。

3. 转让（商标移转）和变更注册人名义的区别

种类	实质	原因	后果
变更	注册人称谓的改变，不存在商标权利的转移	权利人在有关登记部门登记的名称发生了变更	注册人的名称有所变化，并不涉及商标权的主体的更替
转让	不同民事主体之间发生的，商标权利的转移	转让合同或继承、移转等	自商标权转移生效之日转让人失去商标权利，受让人获得商标权利

4. 转让民事纠纷

在商标转让过程中，当事人之间发生民事纠纷的，应协商解决，协商不成的，应通过司法程序或按合同约定的途径解决。有充分证据证明提交转让申请是双方真实意思表示的，即使后续产生纠纷，如双方未协商一致也无任何一方将商标转让纠纷提交司法程序解决，国家知识产权局仍将正常进行审查。

知识点二十二　注册商标的注销

■ 要求：掌握＊＊＊＊

注销注册商标是指国家知识产权局依职权或者根据商标注册人的申请，将注册商标注销或者将注册商标在部分指定商品上的注册予以注销的法律程序。注销注册商标分为两种情形：

依申请注销：商标注册人可以申请注销其注册商标，也可以申请注销注册商标在部分指定商品或服务项目的注册。注销申请经国家知识产权局核准后，该注册商标专用权或该注册商标专用权在部分指定商品上的效力自注销申请之日起终止。

依职权注销：注册商标有效期满后，在法律规定的宽展期内仍未提出续展申请的，注销该注册商标。该注册商标专用权的效力自有效期满次日起终止。

知识点二十三　因使用导致注册商标的撤销

■ 要求：掌握＊＊＊＊

1. 连续 3 年不使用注册商标的撤销

《商标法》第 49 条第 2 款规定，注册商标没有正当理由连续 3 年不使用的，任何单位和个人可以向国家知识产权局申请撤销该注册商标。国家知识产权局应当自收到申请之日起 9 个月内作出决定。有特殊情况需要延长的，经国家知识产权局批准，可以延长 3 个月。

提供使用证据的期限	商标注册人应自收到通知之日起 2 个月内提交该商标在撤销申请提出前使用的证据材料，或说明不使用的正当理由
不使用的正当理由	1. 不可抗力 2. 政府政策性限制 3. 破产清算 4. 其他不可归责于商标注册人的正当事由

	续表
商标使用证据	1. 商标使用主体：注册人或其许可使用的人。 2. 商标使用客体：以核准注册的商标和核定使用的商品为限。 3. 商标使用时间：自提出撤销申请之日起前推 3 年以内使用被申请撤销商标的行为以及使用证据方可作为有效证据。 4. 商标使用地域范围：在中国商标法律效力所及地域范围内。 5. 商标在商业活动中真实、公开、合法地使用：单一使用证据，如仅有商标使用许可合同（协议）、商品销售（服务提供）合同或协议、书面证言等，无其他有效证据印证情况下，不能证明商标的有效使用，不能认定为有效证据

当事人对于国家知识产权局作出的撤销或者不予撤销注册商标的决定不服的，可自收到决定之日起 15 日内申请复审。当事人对国家知识产权局的决定不服的，可以自收到通知之日起 30 日内向人民法院起诉。

2. 成为核定使用商品上的通用名称的注册商标的撤销

根据《商标法》第 49 条第 2 款的规定，注册商标成为其核定使用商品的通用名称情形的，任何单位或个人可以向国家知识产权局申请撤销该注册商标。申请人提供的证据材料能够有效证明被申请商标在获准注册时具备显著性，在后续使用过程中演变为核定使用商品的通用名称的，撤销该注册商标；反之，国家知识产权局对该注册商标作出不予撤销的决定。

当事人对于国家知识产权局作出的撤销或者不予撤销注册商标的决定不服的，可自收到决定之日起 15 日内申请复审。当事人对国家知识产权局的决定不服的，可以自收到通知之日起 30 日内向人民法院起诉。

知识点二十四　注册商标的无效宣告

■ 要求：掌握＊＊＊＊

注册商标无效宣告是指已经核准注册的商标，因违反商标法有关核准注册条件的规定而被宣告无效。

1. 违反绝对理由的无效宣告

《商标法》第 44 条规定，已经注册的商标，违反《商标法》第 4 条、第 10 条、第 11 条、第 12 条和第 19 条第 4 款，或者是以欺骗手段或者其他不正当手段取得注册的，国家知识产权局可以依职权主动宣告该注册商标无效；其他单位或者个人也可以请求宣告该注册商标无效。

2. 违反相对理由的无效宣告

《商标法》第 45 条规定，已经注册的商标，违反《商标法》第 13 条第 2 款和第 3 款、第 15 条、第 16 条第 1 款、第 30 条、第 31 条、第 32 条规定的，自商标注册之日起 5 年内，在先权利人或者利害关系人可以请求宣告该注册商标无效，对恶意注册的，驰名商标所有人不受 5 年的期限限制。

3. 国家知识产权局就绝对理由宣告商标无效的法律程序及救济

由国家知识产权局依职权主动宣告注册商标无效的，属于单方当事人程序，唯一的当事人即被无效宣告的商标注册人如果要提起复审，应当自收到国家知识产权局无效宣告通知之日起 15 日内申请复审。当事人对复审决定不服的，可以自收到复审决定之日起 30 日内向人民法院起诉。

4. 评审程序中无效宣告和撤销程序的比较

我国《商标法》2013 年修正后，才第一次明确区分了已注册商标的无效宣告和撤销程序。

类型	适用情形	法律效力
撤销	系争商标的授权并无瑕疵，但存在不当使用或不使用行为，从而使商标权丧失了继续受保护的基础。立法意图主要在于敦促商标注册人履行商标使用义务，以实现商标区分商品来源的基本功能	自撤销公告之日起丧失注册专用权
无效宣告	系争商标在申请注册时即存在《商标法》所规定的不应予以注册的情形。立法意图主要在于对不当注册予以事后纠正。审查的证据时间点应为该商标申请注册时的事实状态，以申请注册日之前的证据作为定案的基本依据	被宣告无效商标自始无效

知识点二十五　马德里体系概况

■ 要求：理解 * * *

1. 商标海外注册的三种途径

逐一国家注册	根据各国法律向各国商标主管机关提交注册申请
地区注册	向一个区域商标主管机关申请注册商标，该效力及于区域内各成员方，如欧盟商标注册
马德里国际注册	通过商标国际注册马德里体系进行的缔约方间的商标注册

2. 马德里体系

商标国际注册马德里体系是根据《商标国际注册马德里协定》（以下简称《马德里协定》）与《商标国际注册马德里协定有关议定书》（以下简称《马德里议定书》）建立的马德里联盟缔约方间的商标注册体系。马德里体系的"缔约方"包括加入《马德里协定》和《马德里议定书》的国家、地区或政府间组织。

条约	签订时间	我国加入时间	主要规定及区别
《马德里协定》	1891 年	1989 年	1. 单一工作语言：法语 2. 审查期限：12 个月 3. 统一规费 4. 须以基础注册为基础进行国际注册申请 5. 中心打击
《马德里议定书》	1989 年	1995 年	1. 工作语言：英语、法语、西班牙语 2. 审查期限：12 个月或 18 个月 3. 单独规费 4. 可以基础申请或基础注册为基础进行国际注册申请 5. 中心打击后提供救济手段

知识点二十六　马德里商标国际注册业务

■ 要求：了解 *

马德里商标国际注册的申请（中国为原属国）：申请人在中国设有真实有效的工商营业场所，或者申请人在中国设有住所，或者申请人具有中国国籍的，可以向国家知识产权局提交马德里商标国际注册申请。

马德里国际注册领土延伸审查：对于指定中国的国际注册商标领土延伸申请，国家知识产权局根据《商标法》及有关法规进行实质审查。

马德里国际注册后续业务：包括国际注册的后期指定、转让、删减、放弃、注销、变更、续展、国际注册转国内注册等。

国际注册后期指定：指在商标获得国际注册后提出的领土延伸申请。后期指定在性质上类似于商标国际注册申请，申请人资格与商标国际注册申请相同，商品和服务限于后期指定所依据的国际注册的范围。后期指定自在国际注册簿上登记之日起生效，且应于其相关国际注册期满时失效。

国际注册转国内注册：因中心打击而注销的国际注册申请人可以在国际注销登记

之日起3个月内向其国际注册曾有效的领土所属的某缔约方局提交同一商标的注册申请，该申请通过被指定缔约方审查的，进入国家注册流程，按照国内注册规定办理。

国际异议：《商标法实施细则》第45条规定，对指定中国的领土延伸申请，自世界知识产权组织《国际商标公告》出版的次月1日起3个月内，符合《商标法》第33条规定条件的异议人可以向国家知识产权局提出异议申请。国际异议的审理原则与国内异议相同。

第六章 商标使用

一、基本内容框架

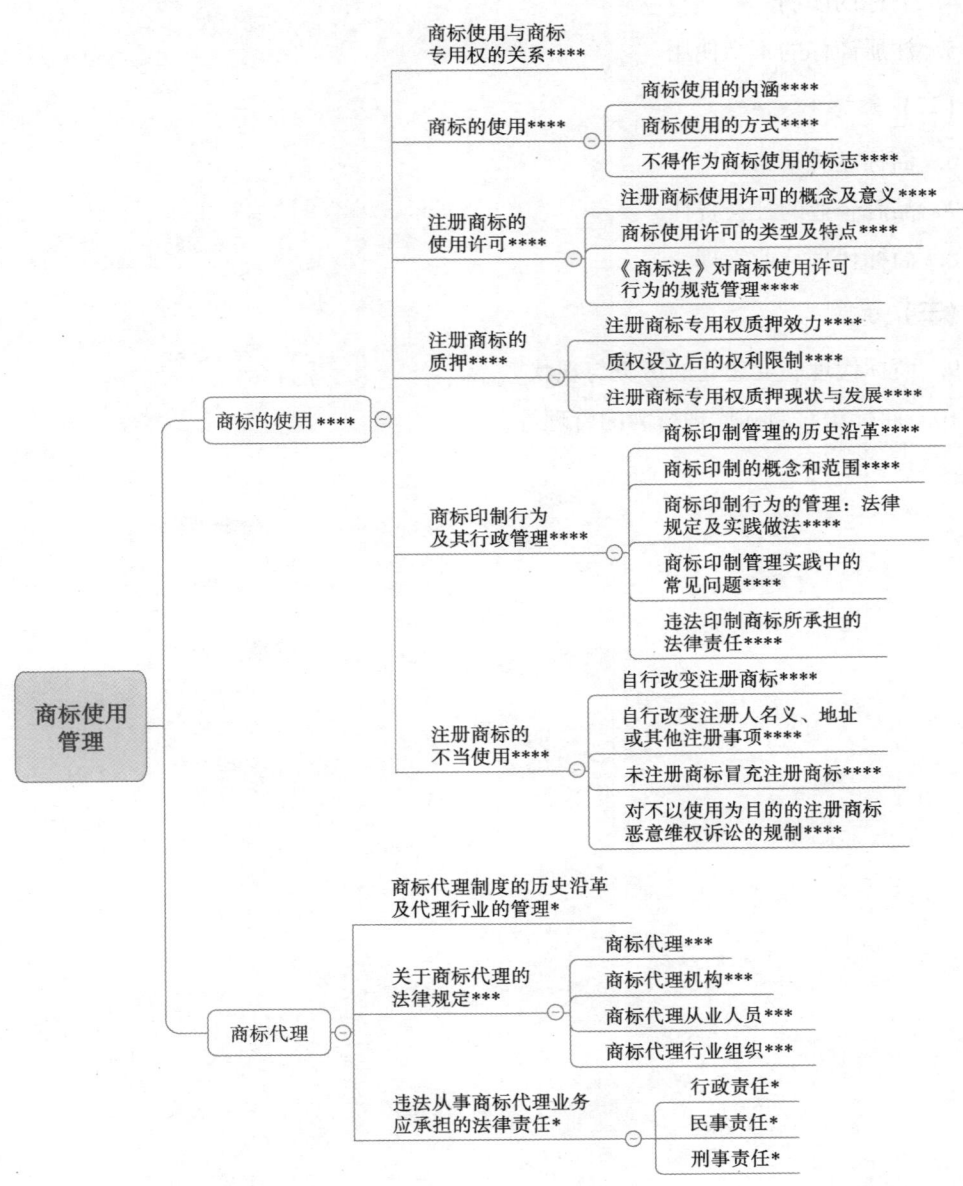

二、主要知识点

（一）掌握＊＊＊＊

1. 商标的使用
2. 注册商标的许可使用
3. 注册商标的质押
4. 商标的印刷
5. 注册商标的不当使用

（二）熟悉＊＊＊

6. 商标品牌策略运用
7. 品牌企业的社会责任
8. 商标代理行业管理

（三）了解＊

9. 商标代理制度建立的历史与现状
10. 商标法对商标代理行为的管理等

三、知识点解析

知识点一 商标使用与商标专用权的关系

■ 要求：掌握 * * * *

五个要点	在同日申请情况下，商标在先使用人享有注册优先权
	商标的使用是维持商标专用权的重要条件
	是否是商标的使用，是判断是否构成商标侵权行为的重要要件
	注册商标是否实际使用，对能否获得侵权民事赔偿造成影响
	合法在先商标使用人可以对商标专用权行使构成限制

知识点二 商标使用的内涵

■ 要求：掌握 * * * *

定义	商标法所称商标的使用，是指将商标用于商品、商品包装或者容器以及商品交易文书上，或者将商标用于广告宣传、展览以及其他商业活动中，用于识别商品来源的行为
两层含义	商标的使用方式应符合市场商品交易习惯和商业惯例，属于真实的商标实际使用行为
	商标的使用效果应产生商标标识商品和服务来源的基本功能
意义	通过列举加概括的方式对商标的使用形式作出规定，可以进一步区分哪些行为属于商标民事法律行为，避免商标使用人、消费者、执法人员在商标使用、辨识、执法时造成混淆
	进一步强调商标的基本价值体现在实际使用过程中

知识点三 商标使用的方式

■ 要求：掌握 * * * *

六个要点	使用在商品、商品包装或者容器上
	使用在商品交易文书上
	使用在国家机关、检测鉴定机构或者行业组织出具的法律文书、证明文书上
	使用于服务场所
	使用在与服务有联系的文件资料上
	商标使用在广告宣传、展览以及其他商业活动中

知识点四　不得作为商标使用的标志

■ 要求：掌握 ****

《商标法》第10条	《商标法》第10条采取列举方式规定了不得作为商标使用的标志。该规定通常视为驳回商标注册申请的绝对理由
要点	该规定既适用于申请注册的商标，也适用于未注册商标

知识点五　自愿使用注册商标的例外

■ 要求：掌握 ****

两个要点	法律、行政法规规定必须使用注册商标的商品，必须申请商标注册，未经核准注册的，不得在市场销售
	卷烟、雪茄烟和有包装的烟丝必须申请商标注册，未经核准注册的，不得生产、销售

知识点六　注册商标使用许可的概念及意义

■ 要求：掌握 ****

概念	注册商标的使用许可，是指商标注册人或其授权人通过签订商标使用许可合同，将其注册商标以一定的条件许可他人使用的行为
意义	商标权人采用许可使用制度，一方面可以收取许可使用费，另一方面可以开拓国际国内市场，输出产品、资本、技术和人才，使其商标更加著名
	通过许可使用制度，商标权人可以通过被许可人使用其商标权，履行商标使用义务
	商标权的许可使用与商标权的转让不同
	注册商标许可使用制度对被许可人也是有利的
	许可使用制度可以调剂市场，满足不同地区消费者对具有较高知名度商标商品的共同需求

知识点七　商标使用许可的类型及特点

■ 要求：掌握 ****

独占许可	独占许可，是指商标注册人将注册商标仅许可一个被许可人在约定的期间、地域内以约定的方式使用，而许可人或第三人在上述约定范围不得使用该商标

续表

排他许可	排他许可，是指商标注册人将注册商标仅许可一个被许可人在约定的期间、地域内以约定的方式使用，商标注册人在上述约定范围也可以使用该注册商标，但不得另行许可他人在上述约定范围使用该注册商标
普通许可	普通许可，是指商标注册人在约定的期间、地域内以约定的方式，许可他人使用其注册商标，并可自行使用该注册商标和许可他人使用其注册商标

知识点八 《商标法》对商标使用许可行为的规范管理

■ 要求：掌握 ****

三个要点	应当保证被许可使用商标的商品质量
	应当在商品上标明被许可人名称及产品产地
	商标使用许可人负有备案义务

知识点九 注册商标专用权质押效力

■ 要求：掌握 ****

概念	注册商标专用权质押是指商标注册人以出质人身份将自己所拥有的、依法可以转让的商标专用权作为债权的担保，当债务人不履行债务时，债权人有权依照法律规定，以该商标专用权折价或以拍卖、变卖该商标专用权的价款优先受偿
三个要点	以注册商标专用权、专利权、著作权等知识产权中的财产权出质的，当事人应当订立书面合同
	质权自有关主管部门办理出质登记时设立
	出质登记为质权成立要件及对抗效力的要件，即不经登记，质权不成立或者不能对抗第三人

知识点十 质权设立后的权利限制

■ 要求：掌握 ****

四个要点	对转让和许可他人使用被质押商标的限制
	对被质押商标的权利维护
	商标专用权质权登记的变更、延期和注销
	相同或近似的商标应一并办理质押

知识点十一　注册商标专用权质押现状与发展

■ 要求：掌握＊＊＊＊

三个要点	随着全社会商标法律意识的提高，商标作为一项无形资产其价值为越来越多的债权人所认可，商标专用权质押登记数量逐年上升
	商标专用权质押融资服务对象多为拥有驰名商标或者高知名度商标的企业，而中小微企业一般只拥有普通商标，这就使中小企业很难在银行等金融机构的资格审核或评估中占据优势
	对金融机构来说，相对于固定资产质押融资，商标专用权等知识产权的流动性不足，转让市场较为狭窄，变现的能力较差，权利处分也相对困难

知识点十二　商标印制管理的历史沿革

■ 要求：掌握＊＊＊＊

三个要点	1996年9月5日原国家工商行政管理总局制定的《商标印制管理办法》，是行政管理部门商标印制管理的主要依据
	2002年分别取消了《商标印制管理办法》设定的"商标印制业务管理人员资格核准"和"印制商标单位审批"项目
	目前，《印刷业管理条例》《商标印制管理办法》仍为商标印制管理主要行政执法依据

知识点十三　商标印制的概念和范围

■ 要求：掌握＊＊＊＊

概念	商标印制是指印刷、制作商标标识的行为。商标标识是指与商品配套一同进入流通领域的带有商标的有形载体
范围	以印刷、印染、制版、刻字、织字、晒蚀、印铁、铸模、冲压、烫印、贴花等方式制作商标标识的，均属于商标印制行为

知识点十四　商标印制行为的管理：法律规定及实践做法

■ 要求：掌握 ＊＊＊＊

商标印制委托人 应遵守的规定	商标印制委托人是指要求印制商标标识的商标注册人、未注册商标使用人、注册商标被许可使用人以及符合《商标法》规定的其他商标使用人
	《商标印制管理办法》第 3~6 条规定
商标印制单位 应遵守的规定	商标印制单位是指依法登记从事商标印制业务的企业和个体工商户
	《印刷业管理条例》第 26 条规定
	《商标印制管理办法》第 7~10 条规定

知识点十五　商标印制管理实践中的常见问题

■ 要求：掌握 ＊＊＊＊

四个问题	知法守法意识不强
	企业管理制度不健全
	缺乏行业自律
	行为监管尚不到位

知识点十六　违法印制商标所应承担的法律责任

■ 要求：掌握 ＊＊＊＊

监管部门	出版行政部门、市场监督管理部门、公安部门
三个要点	执法部门对无证照开展商标印制业务行为的监管
	执法部门对违反印制验证等相关规定行为的监管
	执法部门对印制侵权假冒商标标识行为的监管（行政责任、民事责任、刑事责任）

知识点十七　注册商标的不当使用之自行改变注册商标

■ 要求：掌握 ＊＊＊＊

概念	商标注册人自行改变注册商标，是对注册商标图样的改变，主要是指在不改变原商标本质特征前提下的改变，改变后仍与原注册商标构成近似的商标

三个要点	商标注册人使用注册商标应当承担依法、规范使用的法定义务
	注册商标需要在核定使用范围之外的商品上取得商标专用权的，应当另行提出注册申请
	注册商标需要改变其标志的，应当重新提出注册申请

> **知识点十八** 注册商标的不当使用之自行改变注册人名义、地址或者其他注册事项

■ 要求：掌握 ＊＊＊＊

三个要点	我国是商标注册制国家，商标专用权通过注册获得并以核准注册的商标和核定使用的商品为限
	商标注册人严格按照商标注册机关核准注册的商标和核定使用的商品使用注册商标，既是其法定义务，也是维持其自身权益、依法打击侵权行为、获得商标侵权民事赔偿的重要前提条件
	商标注册人在实际使用中擅自变更注册人名义、地址及其他注册事项，对消费者认牌购物，实现消费知情权，依法维权，以及对其他市场竞争者明确注册商标专用权权利范围造成障碍

> **知识点十九** 注册商标的不当使用之未注册商标冒充注册商标

■ 要求：掌握 ＊＊＊＊

要点	使用注册商标，可以在商品、商品包装、说明书或者其他附着物上标明"注册商标"或者注册标记
冒充注册商标行为的六种情形	商标使用人在未注册的商标上使用"注册商标"字样或注册标记注或®
	正在申请注册的商标，在国家知识产权局尚未核准注册前，使用人即在自己使用的商标上加注了"注册商标"字样或注册标记注或®
	商标注册人超出了国家知识产权局核准注册商标核定使用商品（或服务）的范围使用注册商标，并标明注册商标或注册标记注或®
	商标注册人的注册商标因未续展、被撤销或者被宣告无效丧失了商标专用权，仍继续使用并加注"注册商标"字样或标注注册标记
	商标注册人实际使用的商标改变核准的商标标志，与《商标注册证》上核定的商标标志存在实质差异，两者已不属近似商标，商标注册人在该商标上仍然标注注册商标或注册标记注或®
	商标注册人将两个或者两个以上注册商标组合使用时仅使用一个注册标记，使他人误认为是一个注册商标的

知识点二十　注册商标的不当使用之对不以使用为目的注册商标恶意维权诉讼的规制

■ 要求：掌握＊＊＊＊

三个要点	2013 年修改的《商标法》虽然没有直接打击恶意抢注囤积商标的具体条款，但是通过制止抢先注册他人在先使用并具有一定影响的商标、撤销连续三年未使用注册商标、限制未使用注册商标侵权民事赔偿请求权等制度，在异议、撤销、宣告无效、侵权诉讼等环节对恶意抢注囤积商标行为加以遏制，取得了一定成效
	为了有效遏制恶意抢注囤积商标行为，回应社会关切，部分法院在现有商标法法律框架内对打击不以使用为目的商标恶意诉讼进行了有益探索
	2019 年《商标法》修改的主要目的之一就是要打击商标恶意抢注囤积行为，增加了"不以使用为目的的恶意商标注册申请，应当予以驳回"条款

知识点二十一　商标代理制度的历史沿革及代理行业的管理

■ 要求：了解＊

四个要点	1990 年前，商标被作为各级政府监控产品质量、保护消费者利益和管理经济运行秩序的手段，商标申请注册实行注册核转制
	随着改革开放的不断深入，注册核转制已不再适应实践需求
	2003 年，随着机构改革的深入，国务院下发文件取消了商标代理机构和商标代理人资格两项行政审批，大幅降低了商标代理行业的准入门槛
	为规范商标代理行为，保障委托人、商标代理机构和商标代理从业人员的合法权益，《商标法》和《商标法实施条例》不断增加和完善关于商标代理的法律规定，给商标代理行业的规范管理和健康发展提供了法律依据

知识点二十二　商标代理

■ 要求：熟悉＊＊＊

概念	商标代理是指接受委托人的委托，以委托人的名义办理商标注册申请、商标评审或者其他商标事宜
商标代理的原则	申请商标注册或者办理其他商标事宜，可以自行办理，也可以委托依法设立的商标代理机构办理。外国人或者外国企业在中国申请商标注册和办理其他商标事宜的，应当委托依法设立的商标代理机构办理

续表

商标代理的具体要求	《商标法实施条例》第 5 条对前述商标代理委托问题进行了细化

知识点二十三 商标代理机构

■ 要求：熟悉＊＊＊

概念	商标代理机构包括经工商行政管理部门登记从事商标代理业务的服务机构和从事商标代理业务的律师事务所
备案要求	商标代理机构从事国家知识产权局主管的商标事宜代理业务的，应当向国家知识产权局备案
从事商标代理业务的要求	商标代理机构应当遵循诚实信用原则，遵守法律、行政法规，按照被代理人的委托办理商标注册申请或者其他商标事宜；对在代理过程中知悉的被代理人的商业秘密，负有保密义务
不得从事的行为	《商标法》第 19 条规定
	《商标法》第 68 条规定
	《商标法实施条例》第 88 条规定

知识点二十四 商标代理从业人员

■ 要求：熟悉＊＊＊

概念	商标代理从业人员是指在商标代理机构中从事商标代理业务的工作人员
执业要求	商标代理从业人员不得以个人名义自行接受委托

知识点二十五 商标代理行业组织

■ 要求：熟悉＊＊＊

两个要点	商标代理行业组织应当按照章程规定，严格执行吸纳会员的条件，对违反行业自律规范的会员实行惩戒
	商标代理行业组织对其吸纳的会员和对会员的惩戒情况，应当及时向社会公布

知识点二十六　违法从事商标代理业务应承担的法律责任之行政责任

■ 要求：了解*

四个要点	处罚
	管辖与通报
	商标代理机构信用档案
	停止受理

知识点二十七　违法从事商标代理业务应承担的法律责任之民事责任

■ 要求：了解*

两个要点	《商标法》第68条规定，商标代理机构违反诚实信用原则，侵害委托人合法利益的，应当依法承担民事责任，并由商标代理行业组织按照章程规定予以惩戒
	商标代理机构与委托人之间的关系实际上是一种民事法律关系，商标代理机构违反诚实信用原则，侵害委托人合法利益的，应依法承担民事法律责任

知识点二十八　违法从事商标代理业务应承担的法律责任之刑事责任

■ 要求：了解*

商标代理机构从事违法代理行为情节严重，构成犯罪的，依法追究刑事责任。

第七章 CHAPTER 7
注册商标专用权的保护

一、基本内容框架

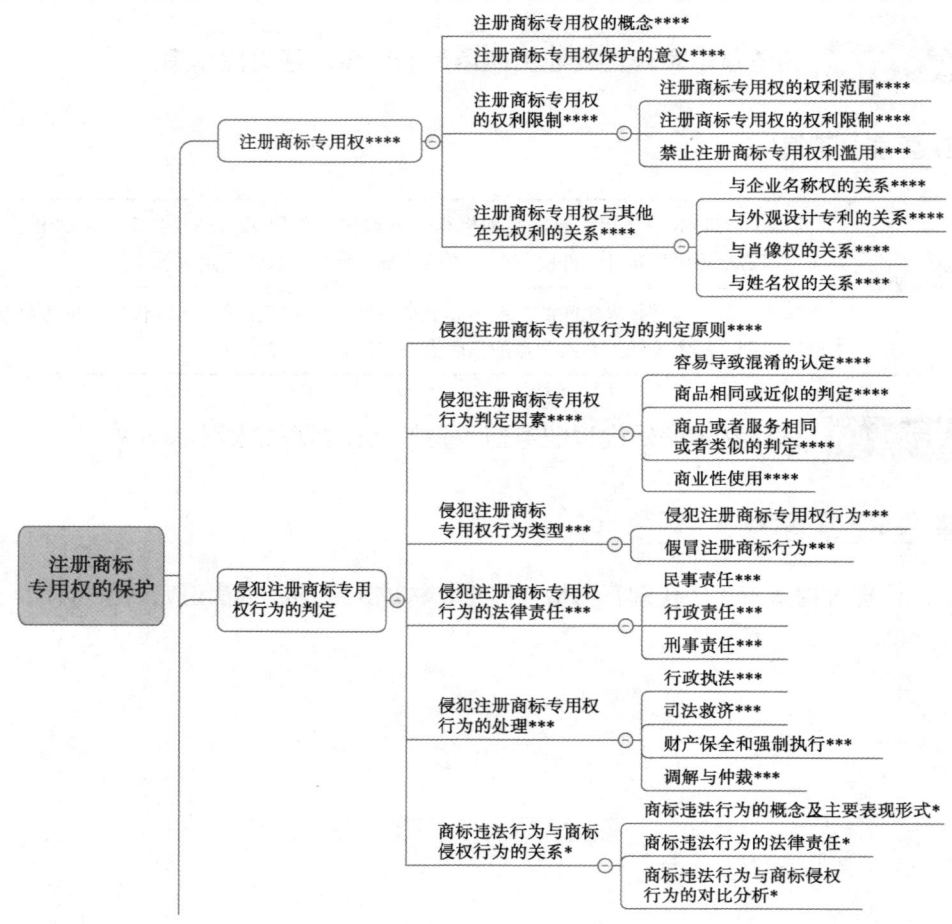

第七章 注册商标专用权的保护

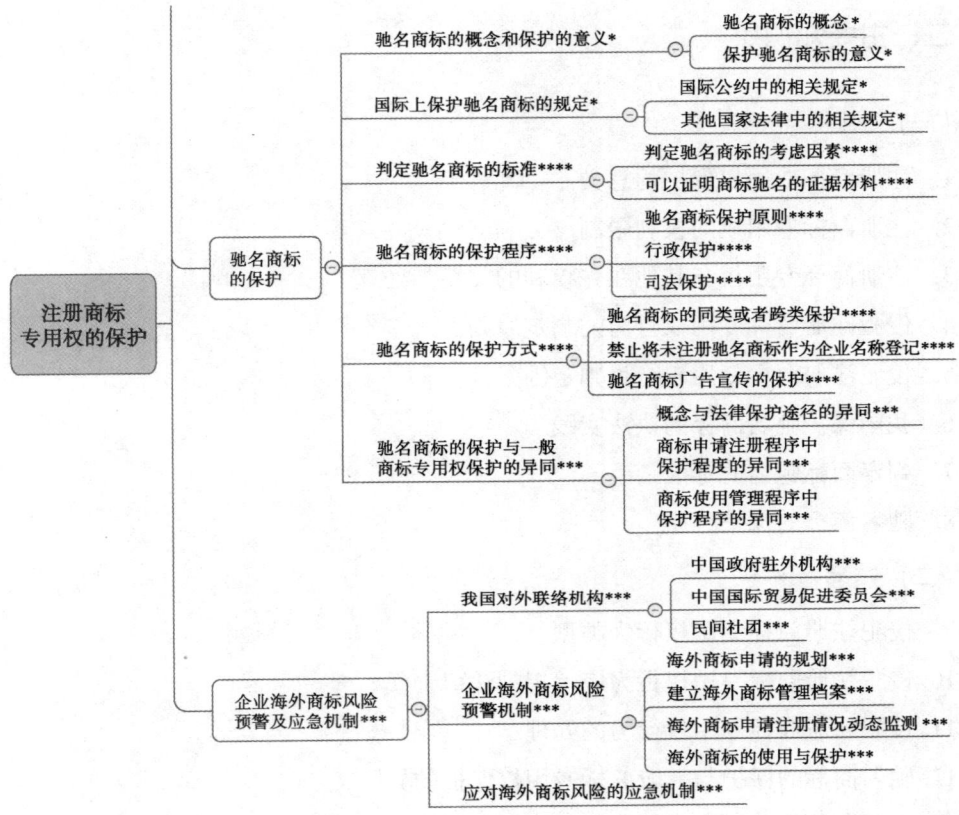

二、主要知识点

（一）掌握＊＊＊＊

1. 注册商标专用权保护的意义
2. 注册商标专用权的权利限制
3. 注册商标专用权与其他在先权利的关系与处理
4. 侵犯注册商标专用权行为的判定原则
5. 侵犯注册商标专用权行为判定因素
6. 我国保护驰名商标的执法实践
7. 判定商标驰名的标准
8. 驰名商标的保护程序

（二）熟悉＊＊＊

9. 侵犯注册商标专用权行为类型
10. 侵犯注册商标专用权行为应承担的法律责任
11. 侵犯注册商标专用权行为的处理
12. 驰名商标的保护与一般商标专用权保护的异同
13. 企业海外商标风险预警及应急机制中我国对外联络机构及其职责
14. 企业海外商标风险管控
15. 应对海外商标风险的应急机制

（三）了解＊

16. 商标违法行为与商标侵权行为的关系
17. 国际上保护驰名商标的规定

三、知识点解析

知识点一　注册商标专用权的概念

■ 要求：掌握＊＊＊＊

含义	商标一经注册，商标注册人即取得注册商标专用权，在自己使用的基础上具有排他使用权，意味着未经商标注册人许可，其他人不得在特定范围内使用该注册商标，以保证商标起到区别商品或者服务来源的作用
四个要点	基础：权利人自己专用
	核心：禁止他人使用
	保护目的：避免商品或者服务来源的混淆
	国际条约表述：《TRIPs协定》第16条规定，注册商标的所有权人享有专有权，以阻止所有第三方未经该所有权人同意在贸易过程中对与已注册商标的货物或服务的相同或类似货物或服务使用相同或类似标记，如此类使用会导致混淆的可能性

知识点二　注册商标专用权保护的意义

■ 要求：掌握＊＊＊＊

含义	保护注册商标专用权是指国家行政和司法机关根据职能，按照法律赋予的职权制止和制裁商标违法、侵权行为乃至犯罪行为，保障商标注册人行使权利并不受损害
四个要点	是保护特定民事权利的基本体现
	是保障消费者权益的重要基础
	是维护市场竞争秩序的有力保障
	是优化营商环境，促进对外贸易事业发展的必然选择

知识点三　注册商标专用权的权利范围

■ 要求：掌握＊＊＊＊

含义	主要是指商标注册人对其所注册的商标所享有的使用权和排他权（禁止权）的范围
使用权	范围：注册商标的专用权，以核准注册的商标和核定使用的商品为限
排他权	范围：商标注册人根据法律的规定，可以请求司法机关或行政执法机关制止他人擅自使用商标的行为，以保护其注册商标专用权不受损害的范围

续表

要点	注册商标专用权的保护范围要大于注册商标专用权的权利范围： 1. 注册商标专用权人有权禁止他人擅自在相同的商品上使用与自己注册商标相同的商标 2. 注册人有权禁止他人擅自在相同的商品上使用与自己注册商标相近似的商标，有权禁止他人在与自己核定的商品相类似的商品上使用与自己注册商标相同或者近似的商标，有权禁止他人以法律规定的其他形式侵害自己注册商标专用权的行为

知识点四　注册商标专用权的权利限制

■ 要求：掌握＊＊＊＊

含义	在一些特定情况下，他人对与注册商标相同或者近似标识的使用并不构成侵权
四种类型	描述性使用：指使用他人注册商标中的文字或图形等要素，用以善意地描述自己商品或服务的特征、产地等情况的行为
	指示性使用：使用他人注册商标中的文字或图形等要素，用以说明自己提供的商品或服务。 其被允许的原因在于：这种对真实关系的说明并不会导致消费者对商品或者服务来源的混淆
	在先使用：商标注册人申请商标注册前，他人已经在同一种商品或者类似商品上先于商标注册人使用与注册商标相同或者近似并有一定影响的商标
	商标权用尽：又称商标权穷竭，是指商标注册人自己或许可他人将使用注册商标的商品投放市场后，他人无须商标注册人允许便可再次转售或者以其他方式向公众提供，包括为此目的在广告宣传中使用

知识点五　禁止注册商标专用权权利滥用

■ 要求：掌握＊＊＊＊

含义	商标所有人行使注册商标专用权时，必须符合法律的有关规定，不得乱用或滥用
四种主要类型	不得自行改变注册商标、注册人名义、地址或者其他注册事项
	不得自行将商标转让给他人
	不得因自己商标的注册而阻止他人正当使用注册商标中含社会公知公用的内容
	不得利用自己从未使用的注册商标，打击他人的善意使用或者正当使用，包括恶意诉讼

| 知识点六 | 注册商标专用权与企业名称权的关系 |

■ 要求：掌握＊＊＊＊

联系	两者有着紧密的联系，不少企业将商标作为其企业名称中的字号部分加以登记
五个区别	功能： (1) 商标是区别商品或服务不同来源的标记 (2) 企业名称则是区别不同企业的标志
	注册机关： (1) 商标由国家知识产权局统一注册 (2) 企业名称由县级以上市场监督管理部门登记
	权利范围： (1) 商标在全国范围内得到保护 (2) 企业名称是在一定地域范围内的专用权
	是否唯一对应： (1) 一个企业可以注册多个商标，一个商标通过商标使用许可等方式可以由多个企业使用 (2) 企业名称原则上只能登记给一家企业使用，且该企业名称只能自己使用
	与企业主体的关系： (1) 商标可以脱离原来的企业而继续存在 (2) 企业名称与企业实体密不可分，企业实体消亡，如发生破产、倒闭等，企业名称也随之不存在

| 知识点七 | 注册商标专用权与外观设计的关系 |

■ 要求：掌握＊＊＊＊

四个区别	权利的客体： (1) 商标是由文字、图形或其组合构成的标志 (2) 外观设计是对产品的形状、图案、色彩或者其组合所作出的带有装饰作用并运用于工业产品的新设计
	权利取得的条件： (1) 商标只要有区别性，能够区别商品或服务的不同来源，不强调必须适用工业生产 (2) 外观设计要用于工业品，能够重复地大量生产，带有装饰作用

续表

四个区别	权利授予的目的： （1）注册商标专用权的目的是加强商标管理，促使生产者保证商品质量和维护商标信誉，以保障消费者的利益，维护经济秩序 （2）外观设计的目的则是鼓励设计者创造出更多更好的产品外观，增强工业品的美感
	权利保护的期限： （1）注册商标有效期为10年，可以连续续展 （2）外观设计专利有效期为10年，没有续展，期满即进入公有领域

知识点八　注册商标专用权与肖像权的关系

■ 要求：掌握 ****

四个要点	肖像可以作商标注册，但注册商标不得损害他人肖像权
	在商标审查中，认定商标是否损害他人肖像权，应考虑相关公众是否容易将注册商标在其指定的商品或服务上与肖像人产生联系
	以本人肖像作为商标申请注册的，申请人需要提供本人的身份证
	以他人肖像作为商标申请注册的，要取得肖像权人的同意，提供肖像使用授权书

知识点九　注册商标专用权与姓名权的关系

■ 要求：掌握 ****

四个要点	姓名可以是商标的组成要素
	姓名权属于注册商标时应当考虑的在先权利的一种
	一般来说，自己的姓名可以注册为商标，但自己的姓名若与他人姓名完全相同，易被误认为是他人注册或者与他人有密切关系的，则不得注册
	未经权利人授权，不得将他人姓名注册为商标，否则可能构成侵犯他人姓名权的行为

知识点十　侵犯注册商标专用权行为的判定原则

■ 要求：掌握 ****

	原则一：尊重当事人合法权益
含义	在行政处理商标侵权案件过程中，既要充分考虑商标注册人的意愿，也要尊重商标侵权行为嫌疑人的合法权益，只有保证双方当事人的合法权益不受损害，才能保证行政执法的公平和公正

续表

四个要点	尊重商标当事人自主选择的意愿，其可以就商标纠纷自行协商或选择其他纠纷处理途径	
	充分考虑在先使用人的利益，合理界定正当使用行为	
	尊重在先权利，如著作权、企业名称权、外观设计专利权等	
	要为行政相对人在行政处罚程序所拥有的权利的行使提供必要条件，如陈述权、申辩权、请求回避权、质证权、请求听证权等	
原则二：法定原则		
含义	判定侵犯注册商标专用权行为，要坚持法定原则，对注册商标在法律范围内，即核准注册的商标和核定使用的商品或者服务范围内给予专用权法律保护	
两个要点	凡注册商标，在其丧失权利之前都应受到法律保护	
	对确属注册不当应予无效宣告的商标，在该商标进入无效宣告程序后，可以中止案件查处，待商标确权终局裁定或者判决作出后再行处理，以防他人利用合法争议手段达到侵权目的	
原则三：不以商品质量优劣作为判定标准		
含义	商品质量的优劣不会影响到商标侵权行为的认定	
两个要点	他人擅自使用与注册商标相同或者近似的商标，即使其商品质量优于商标注册人的商品质量，也应认定为侵权行为	
	对使用注册商标或者未注册商标的商品质量问题，可以适用《产品质量法》处理，与商标侵权行为的认定没有直接关系	
原则四：商标注册人违法使用不影响侵权行为定性		
含义	如果商标注册人在使用注册商标过程中存在违反《商标法》或《商标法实施条例》的情形，可以适用有关条款，要求就行为人违法使用行为承担相应的法律责任，除非该注册商标被依法撤销，不影响对其注册商标专用权的保护	
两个要点	理由：注册商标专用权是一种民事权利，商标注册人可以在法律允许的范围内行使其权利	
	处理方式：在注册商标专用权存续期间，他人擅自使用与该注册商标相同或近似的商标的，仍应认定为商标侵权行为	

知识点十一　容易导致混淆的认定

■ 要求：掌握 * * * *

意义	认定是否"容易导致混淆"是注册商标专用权保护的核心问题，是判断是否构成侵权的前提条件

续表

含义	指由于商标的近似性和使用商品的类似性，导致消费者对商品或服务的来源产生误认，或者认为涉案商品或服务来源与注册商标权利人之间存在某种关联，破坏了商标的区别功能
分类	按照混淆发生的直接程度：直接混淆和间接混淆
	按照混淆发生的时间点：售前混淆、售中混淆和售后混淆

知识点十二　商标相同或近似的判定

■ 要求：掌握＊＊＊＊

商标是否相同或者近似，是判断是否侵犯他人注册商标专用权的主要因素之一。

意义	是判断是否侵犯他人注册商标专用权的主要因素之一
商标相同	含义：指两商标在视觉上基本无差别，使用在同一种或者类似商品上容易导致相关公众混淆
商标近似	含义：指商标文字的字形、读音、含义相近，商标图形的构图、着色、外观近似，或者文字和图形组合的整体排列组合方式和外观近似，立体商标的三维标志的形状和外观近似，颜色商标的颜色或颜色组合近似，声音商标的听觉感知或整体旋律近似，使用在同一种或者类似商品上容易导致相关公众混淆
三个原则	应当以相关公众的一般注意力为标准进行判断
	准确运用对比商标的整体、要部和隔离比较方法，应当尽量以一般消费者在购买时的观察判断习惯进行对比： （1）**整体比对**：将商标作为一个整体来进行观察，考虑商标的整体印象，而不是仅仅将商标的各个构成要素抽离出来分别进行比对 （2）**要部比对**：将商标中发挥主要识别作用的显著识别部分抽出来进行重点比较和对照，原因在于消费者往往会依据商标中给人留下深刻印象的要素来区分商品 （3）**隔离比对**：将注册商标与涉嫌侵权的商标放置于不同的地点，在不同的时间进行观察比对
	考虑已注册商标的显著性和知名度等要素

知识点十三　商品或者服务相同或者类似的判定

■ 要求：掌握＊＊＊＊

意义	是判断是否侵犯他人注册商标专用权的主要因素之一
含义	商品或者服务相同是指商品或者服务名称相同，以及商品或者服务名称不同但指向同一事物或者内容
	商品或者服务类似是指商品或者服务在功能、用途、生产方式、销售渠道、消费对象等方面相同或者基本相同，或者相关公众一般会认为其存在特定联系、容易造成来源混淆

续表

四个要点	参考依据：主要以《商标注册用商品和服务国际分类表》《类似商品和服务区分表》作为参考，但不是最终依据
	相同或者类似的判定标准不断发展变化，实践中要综合多种因素判断。特定情况下，可能构成类似关系的情形： （1）不同类别但消费对象相同的商品之间 （2）具有互补关系的关联商品之间 （3）处于相关行业的商品和服务之间
	也要考虑在先商标的显著性和知名度，及其与使用商品所形成的指向关系的强弱
	商品与服务之间也可能产生使用同一商标引起商品或者服务来源混淆的情况

知识点十四　商业性使用

■ 要求：掌握＊＊＊＊

含义	商标的使用是指商标的商业性使用
范围	将商标用于商品、商品包装或者容器以及商品交易文书上；将商标用于广告宣传、电子商务、展览以及其他商业活动中，用于识别来源的行为

知识点十五　侵犯注册商标专用权行为

■ 要求：熟悉＊＊＊

含义	是指行为人未经商标注册人许可，在相同或者类似商品上使用与其注册商标相同或者近似的商标，或者其他干涉、妨碍商标注册人使用其注册商标，损害商标注册人合法权益的行为
依据	《商标法》第 57 条
情形	未经商标注册人的许可，在同一种商品上使用与其注册商标相同的商标的
	未经商标注册人的许可，在同一种商品上使用与其注册商标近似的商标，或者在类似商品上使用与其注册商标相同或者近似的商标，容易导致混淆的
	销售侵犯注册商标专用权的商品的
	伪造、擅自制造他人注册商标标识或者销售伪造、擅自制造的注册商标标识的
	未经商标注册人同意，更换其注册商标并将该更换商标的商品又投入市场的
	故意为侵犯他人商标专用权行为提供便利条件，帮助他人实施侵犯商标专用权行为的
	给他人的注册商标专用权造成其他损害的

知识点十六　假冒注册商标行为

■ 要求：熟悉＊＊＊

定义	即未经商标注册人的许可，在同一种商品上使用与其注册商标相同的商标的行为；情节严重的，可构成"假冒注册商标罪"
特征	行为人具有主观故意
	假冒商标行为严重可以追究刑事责任
	假冒商标行为使用的商标和商品，与被假冒的商标注册人核准注册的商标、核定使用的商品完全相同，而不看商标注册人自己是否有这种商品
要点	商标注册人实际使用的商标与核准注册的商标有差别，假冒者假冒的是注册人实际使用的商标的，不构成假冒注册商标行为

知识点十七　侵犯注册商标专用权行为的民事责任

■ 要求：熟悉＊＊＊

理由		从特定民事主体权利的角度看，侵犯注册商标专用权的行为损害了商标注册人利益，影响了注册商标所承载的商誉，弱化了注册商标的区别作用，侵权人应当承担民事责任
法律依据		《商标法》等民事法律规范
三种责任类型	停止侵权	（1）与侵权人的主观因素无关 （2）表现为停止继续生产或销售侵权商品等
	消除影响	一般由侵权人通过报纸、杂志、网络媒介等平台发表声明，澄清事实，恢复被侵权人商誉
	损害赔偿	（1）赔偿数额以补偿性赔偿为基础，以惩罚性赔偿为补充 （2）赔偿数额的计算方式：权利人的实际损失、侵权人的侵权获利、商标许可使用费的合理倍数、法定赔偿 （3）惩罚性赔偿：1~5倍
可予免除赔偿责任的两个例外情形		未使用不导致混淆的
		销售者不知情的

知识点十八　侵犯注册商标专用权行为的行政责任

■ 要求：熟悉＊＊＊

理由	侵犯注册商标专用权的行为会对公共利益造成损害
六个要点	责令立即停止侵权行为
	没收、销毁侵权商品和主要用于制造侵权商品、伪造注册商标标识的工具
	违法经营额 5 万元以上的，可以处违法经营额 5 倍以下的罚款，没有违法经营额或者违法经营额不足 5 万元的，可以处 25 万元以下的罚款
	对 5 年内实施两次以上商标侵权行为或者有其他严重情节的，应当从重处罚
	假冒注册商标的商品不得在仅去除假冒注册商标后进入商业渠道
	对恶意申请商标注册的，根据情节给予警告、罚款等行政处罚： （1）由申请人所在地或者违法行为发生地管理商标工作的部门根据情节给予警告、罚款等行政处罚 （2）有违法所得的，可以处违法所得 3 倍最高不超过 3 万元的罚款 （3）没有违法所得的，可以处 1 万元以下的罚款

知识点十九　侵犯注册商标专用权行为的刑事责任

■ 要求：熟悉＊＊＊

理由	假冒注册商标是一种严重的商标侵权行为，情节严重的假冒注册商标行为，除赔偿被侵权人的损失外，还应当承担刑事责任
两个要点	任何人都可以向公安机关或人民检察院控告或者检举，要求依法追究其刑事责任
	"情节严重" 通常是指假冒注册商标商品造成人身损害的，假冒行为人屡教不改的，假冒行为非法获利数额巨大的，造成社会影响极其恶劣的情形等
三个罪名	假冒注册商标罪
	销售假冒注册商标的商品罪
	非法制造、销售非法制造的注册商标标识罪

知识点二十　侵犯注册商标专用权行为的行政执法

■ 要求：熟悉＊＊＊

启动	行政机关既可以依请求查处，也可以依职权主动查处

程序	《商标法》第60条规定，对于侵权行为，被侵权人可以选择由行政机关处理，也可以向人民法院起诉。如果被侵权人向行政机关投诉，行政机关可以依据被侵权人提供的证据和自己调查获取的证据，责令侵权人立即停止侵权行为，没收、销毁侵权商品和主要用于制造侵权商品、伪造注册商标标识的工具，并可处以罚款。当事人对行政机关的处罚决定不服的，在规定的期间内，可以向人民法院起诉
特点	行动迅速，执法效率高，行政机关能够快速有效地制止商标侵权行为，避免侵权人隐匿、转移违法嫌疑证据，及时控制和缩小侵权行为对被侵权人的损害后果
	手段综合，行政机关可以询问有关当事人、调查与侵权活动有关的物品和行为等，并作出责令立即停止侵权、收缴并销毁侵权物品和侵权标识、罚款等行政处罚
	主动灵活，行政机关可以依投诉保护商标专用权，也可以依职权主动查处商标侵权假冒行为
	简便快捷，无需费用，减轻了当事人的经济负担，降低了维权成本
中止	在查处商标侵权案件过程中，对商标权属存在争议或者权利人同时向人民法院提起商标侵权诉讼的，可以中止案件的查处。中止原因消除后，应当恢复或者终结案件查处程序

知识点二十一　处理侵犯注册商标专用权行为中的司法救济

■ 要求：熟悉＊＊＊

含义	司法救济，是指人民法院通过民事诉讼、行政诉讼和刑事诉讼在商标侵权纠纷诉讼案件中保护当事人注册商标专用权的行为
三个要点	对于侵权行为，被侵权人可以向人民法院起诉
	当事人对行政机关的处罚决定不服的，可以在规定的期间内向人民法院起诉
	人民法院可以根据《商标法》第63条依职权加大对假冒注册商标行为的处罚

知识点二十二　侵犯注册商标专用权行为的财产保全和强制执行

■ 要求：熟悉＊＊＊

侵犯注册商标专用权行为中的财产保全

含义	依据《商标法》第65条的规定，商标注册人或者利害关系人有证据证明他人正在实施或者即将实施侵犯其注册商标专用权的行为，如不及时制止将会使其合法权益受到难以弥补的损害的，可以依法在起诉前向人民法院申请采取财产保全措施

	续表
四个要点	人民法院对注册商标采取财产保全措施，需要国家知识产权局协助进行
	应当向国家知识产权局发出协助执行通知书
	注册商标保全期限一次不得超过 6 个月，自国家知识产权局收到协助执行通知书之日起计算
	人民法院不得对已进行保全的注册商标重复保全

侵犯注册商标专用权行为中的强制执行

含义	依据《民事诉讼法》的规定，在执行过程中，需要办理有关财产权证照转移手续的，人民法院可以向有关单位发出协助执行通知书，有关单位必须办理，这其中就包括商标注册证
两个要点	《商标法》第 42 条规定："转让注册商标的，商标注册人对其在同一种商品上注册的近似的商标，或者在类似商品上注册的相同或者近似的商标，应当一并转让。"强制执行转让时，也应当遵循这一原则
	当事人在法定期限内不申请行政复议或者提起行政诉讼，又不履行行政决定的，没有行政强制执行权的行政机关可以自期限届满之日起 3 个月内，申请人民法院强制执行

知识点二十三　侵犯注册商标专用权行为的调解与仲裁

■ 要求：熟悉＊＊＊

调解	对侵犯商标专用权的赔偿数额的争议，当事人可以请求进行处理的管理商标工作的部门调解
	经调解，当事人未达成协议或者调解书生效后不履行的，当事人可以依照《民事诉讼法》向人民法院起诉
仲裁	需要双方自愿达成仲裁协议
	仲裁机构受理仲裁请求，需要有提请仲裁的有关当事人选择他们仲裁的协议或者明确要求他们予以仲裁处理的合同条款

知识点二十四　商标违法行为的概念及主要表现形式

■ 要求：了解＊

含义	指使用注册商标或者未注册商标违反法律法规规定的行为

续表

六种主要表现形式	自行改变注册商标或注册人名称、地址或其他注册事项
	自行转让注册商标
	冒充注册商标
	违反禁止使用条款
	在烟草制品上使用未注册商标
	使用他人注册商标未标注被许可人名称和商品产地

知识点二十五　商标违法行为的法律责任

■ 要求：了解*

处理机关	对于商标违法行为一般由行政机关进行处理
五种商标违法行为的法律责任	自行改变注册商标、注册人名义、地址或者其他注册事项的： (1) 由管理商标工作的部门责令限期改正 (2) 期满不改正的，由国家知识产权局撤销其注册商标
	在法律、行政法规规定必须使用注册商标的商品上使用未注册商标及进行销售的： (1) 由管理商标工作的部门责令限期申请注册 (2) 违法经营额5万元以上的，可以处违法经营额20%以下的罚款 (3) 没有违法经营额或者违法经营额不足5万元的，可以处1万元以下的罚款
	将未注册商标冒充注册商标使用的，或者使用未注册商标违反《商标法》第10条禁止使用的相关规定的： (1) 由管理商标工作的部门予以制止，限期改正，并可以予以通报 (2) 违法经营额万元以上的，可以处违法经营额20%以下的罚款 (3) 没有违法经营额或者违法经营额不足5万元的，可以处1万元以下的罚款
五种商标违法行为的法律责任	经许可使用他人注册商标的被许可人未在使用该注册商标的商品上标明被许可人的名称和商品产地的： (1) 由管理商标工作的部门责令限期改正 (2) 逾期不改正的，责令停止销售，拒不停止销售，处10万元以下的罚款
	将"驰名商标"字样用于商品、商品包装或者容器上，或者用于广告宣传、展览以及其他商业活动的： (1) 由管理商标工作的部门责令改正 (2) 处10万元罚款

第七章 注册商标专用权的保护

知识点二十六　商标违法行为与商标侵权行为的对比分析

■ 要求：了解 *

依据	行为侵害的客体不同
区别	商标违法行为侵害的客体是商标法规保护的社会经济秩序，不涉及他人注册商标专用权，承担的法律责任主要是行政责任，以行为纠正为主，罚则较轻
	商标侵权行为主要是承担民事责任，可以承担行政责任，严重的侵权行为可以追究侵权人的刑事责任
联系	商标违法行为可能构成商标侵权

知识点二十七　驰名商标的概念

■ 要求：了解 *

含义	驰名商标是指经过长期广泛的使用或大量的宣传推广，享有了较高知名度，为相关公众所熟知的商标
要点	驰名商标保护不受是否注册的限制，未注册驰名商标也可以受到法律保护

知识点二十八　保护驰名商标的意义

■ 要求：了解 *

三个意义	是我国应履行的一项国际义务：《巴黎公约》和《TRIPs 协定》将驰名商标列入了保护范围
	有利于维护商标权利人和消费者的利益
	有利于维护公平竞争的市场秩序，优化营商环境

知识点二十九　国际公约中关于保护驰名商标的规定

■ 要求：了解 *

《巴黎公约》	第 6 条之二规定："如本国法律允许，应依职权，或依利害关系人的请求，对商标注册国或使用国主管机关认为在该国已经驰名，属于有权享受本公约利益的人所有、并且用于相同或类似商品的商标构成复制、仿制或翻译，易于产生混淆的商标，拒绝或撤销注册，并禁止使用。这些规定，在商标的主要部分构成对上述驰名商标的复制或者仿制，易于产生混淆时，也应适用。"

续表

《巴黎公约》	公约规定撤销驰名商标的请求应在5年内提出，但对于以恶意取得注册或使用的商标提出撤销注册或者禁止使用的请求，则不受时间限制
	对驰名商标的认定标准、界定方法等问题没有涉及
《TRIPs》协议	增加了对驰名商标认定标准的规定
	将特殊保护延及服务商标，把保护范围扩展至"不相类似的商品或者服务"之上

知识点三十　其他国家法律中关于保护驰名商标的规定

■ 要求：了解 *

美国	主要体现在其商标法、反不正当竞争法及反淡化法中
	明确了驰名商标的界定标准，包括应考虑商标显著性、宣传范围、公众认可程度等
	禁止将驰名商标作为企业名称、商品外形、网络域名使用
	以淡化理论作为其保护驰名商标的基础理论
日本	主要体现在其商标法和反不正当竞争法中
	将具有较高知名度的商标区分为驰名商标和著名商标，给予特别保护
	设置了防御商标制度

知识点三十一　判定驰名商标的考虑因素

■ 要求：掌握 * * * *

具体因素	相关公众对该商标的知晓程度
	该商标使用的持续时间
	该商标的任何宣传工作的持续时间、程度和地理范围
	该商标作为驰名商标受保护的记录
	该商标驰名的其他因素
要点	仅在国外驰名但在中国并不驰名的商标无法受到我国商标法对驰名商标的特殊保护

知识点三十二　可以证明商标驰名的证据材料

■ 要求：掌握 * * * *

依据	《驰名商标认定和保护办法》第9条

续表

五种证据材料	证明相关公众对该商标知晓程度的材料，如获得的各类荣誉称号等
	证明该商标使用持续时间的材料，如该商标使用、注册的历史和范围的材料： （1）该商标为未注册商标的，应当提供证明其使用持续时间不少于五年的材料 （2）该商标为注册商标的，应当提供证明其注册时间不少于三年或者持续使用时间不少于五年的材料
	证明该商标的任何宣传工作的持续时间、程度和地理范围的材料，如近三年广告宣传和促销活动的方式、地域范围、宣传媒体的种类以及广告投放量等材料
	证明该商标曾在中国或者其他国家和地区作为驰名商标受保护的材料，如行政机关的裁决文书、法院判决等
	证明该商标驰名的其他证据材料，如使用该商标的主要商品在近三年的销售收入、市场占有率、净利润、纳税额、销售区域等材料
三个要点	上述所称"三年""五年"，是指被提出异议的商标注册申请日期、被提出无效宣告请求的商标注册申请日期之前的三年、五年，以及在查处商标违法案件中提出驰名商标保护请求日期之前的三年、五年
	尽管驰名商标具有地域性，但证据材料不仅限于生产、销售等，宣传活动也可视为使用，与之相关的证据材料也可以作为判断商标是否驰名的依据
	判定驰名商标时，要充分考虑上述因素和证据，但不以满足上述全部条件为前提，提交的证据确能证明其在市场上享有较高声誉，为相关公众所熟知的也可以认定

知识点三十三　驰名商标保护原则

■ 要求：掌握 * * * *

三个原则	个案认定原则： （1）驰名商标的认定效力仅限于特定案件，用于判定具体案件中的侵权行为并给予驰名商标特殊保护 （2）认定结果不延续适用
	被动保护原则： 驰名商标认定程序的启动要基于当事人请求，行政机关和司法机关并不能依职权主动认定
	行政司法双轨制： （1）国家知识产权局可以在商标注册审查、商标争议处理或查处商标违法案件过程中，依当事人申请认定 （2）人民法院可以在审理商标纠纷案件过程中，依当事人申请认定

知识点三十四　驰名商标的行政保护

■ 要求：掌握＊＊＊＊

商标确权及争议案件中	范围：商标注册审查、商标争议案件中驰名商标的认定
	职能承担主体：国家知识产权局
	程序：申请人在商标异议、不予注册复审及无效宣告程序等具体案件中提出请求，国家知识产权局作出决定或裁定
商标管理案件中	范围：商标违法案件中驰名商标的认定
	职能承担主体：国家知识产权局
	程序：地方行政机关在查处商标违法案件过程中，认为需要按照《商标法》第13条规定保护当事人商标权利的，可以省级文件形式就涉及案件中需要保护的商标是否驰名向国家知识产权局请示
	处理：经国家知识产权局认定为驰名商标的，由管理商标工作的部门责令停止违反《商标法》第13条规定使用商标的行为，收缴、销毁违法使用的商标标识，商标标识与商品难以分离的，一并收缴、销毁
	2019年11月国家知识产权局印发《关于加强查处商标违法案件中驰名商标保护相关工作的通知》，强调要严格按照法定权限和时限查办涉驰名商标案件

知识点三十五　驰名商标的司法保护

■ 要求：掌握＊＊＊＊

法律依据	《商标法》第14条规定，在商标民事、行政案件审理过程中，当事人依照该法第13条规定主张权利的，最高人民法院指定的人民法院根据审理案件的需要，可以对商标驰名情况作出认定
三个要点	涉及驰名商标认定的民事纠纷案件管辖： (1) 省、自治区人民政府所在地的市中级人民法院 (2) 计划单列市中级人民法院 (3) 直辖市辖区内的中级人民法院 (4) 知识产权法院 (5) 最高人民法院指定的人民法院
	在涉及驰名商标保护的民事纠纷案件中，人民法院对于商标驰名的认定，仅作为案件事实和判决理由，不写入判决主文
	以调解方式审结的，在调解书中对商标驰名的事实不予认定

知识点三十六　驰名商标的同类或者跨类保护

■ 要求：掌握＊＊＊＊

尚未在中国注册的驰名商标的同类保护	
保护范围	及于相同或类似的商品或服务
保护依据	《商标法》第 13 条第 2 款
四个保护要件	在系争商标申请日前已经驰名但尚未在中国注册
	系争商标构成对他人驰名商标的复制、摹仿或者翻译
	系争商标所使用的商品或者服务与他人驰名商标所使用的商品或者服务相同或者类似
	系争商标的注册或者使用，容易导致混淆
已在中国注册的驰名商标的跨类保护	
保护范围	及于不相同或不相类似的商品或服务
保护依据	《商标法》第 13 条第 3 款
四个保护要件	在系争商标申请日前已经驰名且已经在中国注册
	系争商标构成对他人驰名商标的复制、摹仿或者翻译
	系争商标所使用的商品或者服务与他人驰名商标所使用的商品或者服务不相同或者不类似
	系争商标的注册或者使用，误导公众，致使该驰名商标注册人的利益可能受到损害
六个要点	"复制"是指与他人驰名商标标识相同
	"摹仿"是指抄袭他人驰名商标的显著部分或显著特征
	"混淆"是指导致消费者对商品或服务的来源产生误认，或者是消费者误以为与驰名商标商品或服务提供者存在某种特定关联
	是否构成混淆的判定并不以实际发生混淆为要件，只要具有这种可能性即可认定
	"误导"是指足以使相关公众误以为其与驰名商标存在相当程度的联系，而减弱驰名商标的显著性、贬损驰名商标的市场声誉，或者不正当利用驰名商标的市场声誉
	为避免显失公平，个案中驰名商标最终获得的保护范围要与商标在本行业内的驰名程度相适应

知识点三十七　禁止将他人未注册驰名商标作为企业名称登记

■ 要求：掌握＊＊＊＊

将未注册驰名商标作为企业字号使用的"搭便车"行为也是为法律所禁止的。《商标法》第 58 条规定，将他人未注册的驰名商标作为企业名称中的字号使用，误导公众，构成不正当竞争行为的，依照《中华人民共和国反不正当竞争法》处理。

知识点三十八　禁止驰名商标广告宣传

■ 要求：掌握＊＊＊＊

理由	驰名商标认定效力仅限于个案，并非一种荣誉称号
两个要点	生产、经营者不得将驰名商标字样用于： (1) 商品、商品包装或者容器上 (2) 广告宣传、展览及其他商业活动
	违反规定的处理： (1) 由管理商标工作的部门责令改正 (2) 处 10 万元罚款

知识点三十九　驰名商标保护与一般商标专用权保护的概念与法律保护途径的异同

■ 要求：熟悉＊＊＊

概念方面	知名度的要求不同。驰名商标是在中国为相关公众广为知晓并享有较高声誉的商标；一般商标无此要求
法律保护途径方面	一般商标享有法律保护首先需要获得商标注册
	驰名商标未注册也可以获得法律保护，其保护诉求由行政机关或者司法机关在具体案件中通过认定该商标是否驰名而获得保护

知识点四十　驰名商标与一般商标在商标申请注册程序中保护程度的异同

■ 要求：熟悉＊＊＊

保护程度	一般商标：仅在所注册的类别享有相同或者近似商标的排他权
	驰名商标： (1) 在商标申请注册程序中进行商标标志近似性判断时标准会更严格 (2) 就不相同或者不相类似商品申请注册的商标是复制、摹仿或者翻译他人已经在中国注册的驰名商标，误导公众，致使该驰名商标注册人的利益可能受到损害的，不予注册并禁止使用
请求宣告无效期限	一般商标：自商标注册之日起 5 年内
	驰名商标：对恶意注册的，不受 5 年时间的限制

第七章　注册商标专用权的保护

知识点四十一　驰名商标与一般商标在商标使用管理程序中保护程度的异同

■ 要求：熟悉＊＊＊

保护程度	一般商标：只能在获准注册的商品或服务类别上排斥他人的擅自使用
	驰名商标： （1）已在中国注册的驰名商标，依据其独创性、知名度等因素程度的不同，可以获得不同程度的跨类保护 （2）他人将驰名商标作为域名或者作为企业名称中的字号使用误导公众的，可能构成不正当竞争行为，还可以寻求《反不正当竞争法》的保护

知识点四十二　中国政府驻外机构

■ 要求：熟悉＊＊＊

中国政府驻外机构	是中国企业海外发展的重要沟通桥梁和遭遇风险时的坚强后盾
	包括驻外大使馆、领事馆、经商处等
	维护本国公民和法人在外国的合法权益是我国驻外机构的重要职能之一

知识点四十三　中国国际贸易促进委员会

■ 要求：熟悉＊＊＊

中国国际贸易促进委员会	是全国性对外贸易投资促进机构
	职能：开展同世界各国、各地区经济贸易界、商协会和其他经贸团以及有关国际组织的联络工作

知识点四十四　民间社团

■ 要求：熟悉＊＊＊

越来越多的民间社团，如美国中国商会、欧盟中国商会等在国际贸易、国际维权中扮演了重要角色，充分发挥了组织、协调、促进和服务作用。

知识点四十五　海外商标申请的规划

■ 要求：熟悉＊＊＊

时间规划		
两个类型	对于已有出口计划的海外市场	对策：以"市场未入，商标先行"为原则，提前进行商标申请注册布局
	对于已有商品或服务出口的海外市场	对策：尽快申请商标注册，降低法律风险，防止未注册商标遭他人抢注
		应当考虑的布局地点：①商品或服务的出口国；②主要竞争对手所在国；③投资地或潜在的投资地；④贸易中心所在地
内容规划		
两个要点	要尊重当地文化尤其是传统文化，不能违背当地传统、习俗，更不能触碰"文化禁忌"	
	要迎合当地的语言文字和审美习惯，申请、注册符合当地特色并结合自身品牌特色和中国文化特色的标识	

知识点四十六　建立海外商标档案

■ 要求：熟悉＊＊＊

含义	企业商标档案是在商标注册、使用和保护中直接形成的，具有保存、利用价值的各种形式和载体的商标文件材料
作用	是企业进行商标规划、商标管理、商标保护的基础
具体类型	商标命名档案；商标注册档案；商标管理档案；商标使用档案；商标维权档案；商标荣誉档案；竞争对手档案等

知识点四十七　海外商标申请注册情况动态监测

■ 要求：熟悉＊＊＊

三个要点	应当对海外商标申请注册情况进行及时的动态监测
	熟悉当地的商标申请注册流程和相关法律法规要求
	及时解决商标申请注册过程中出现的困难或问题
目的	避免延误注册或注册失败

知识点四十八 海外商标的使用与保护

■ 要求：熟悉＊＊＊

总体要求	应当制定完备的海外商标使用与保护策略	
两个要点	建立适合企业实际的知识产权管理和保护体系	使用商标时遵守当地的法律法规，诚信经营
		提高风险防控意识，及时监测他人抢注、侵权
		注意收集商标使用、遭遇侵权的证据材料
	建立海外商标风险应急机制	商标在海外被抢注或被侵权时，及时咨询专业人士，制订应对方案

知识点四十九 应对海外商标风险的应急机制

■ 要求：熟悉＊＊＊

三个要点	据实判断风险，制定海外商标风险应急预案	是企业进行商标海外布局的重要部分
	提前了解国际商标法律体系，熟悉目标国法律	为海外维权做好法律保障
	对接目标国优质律师资源，建立商标纠纷解决机制	选派专人进行海外商标管理工作
		联系或聘请目标国商标领域律师
		在平时开展相关人员培训

第八章 著作权

一、基本内容框架

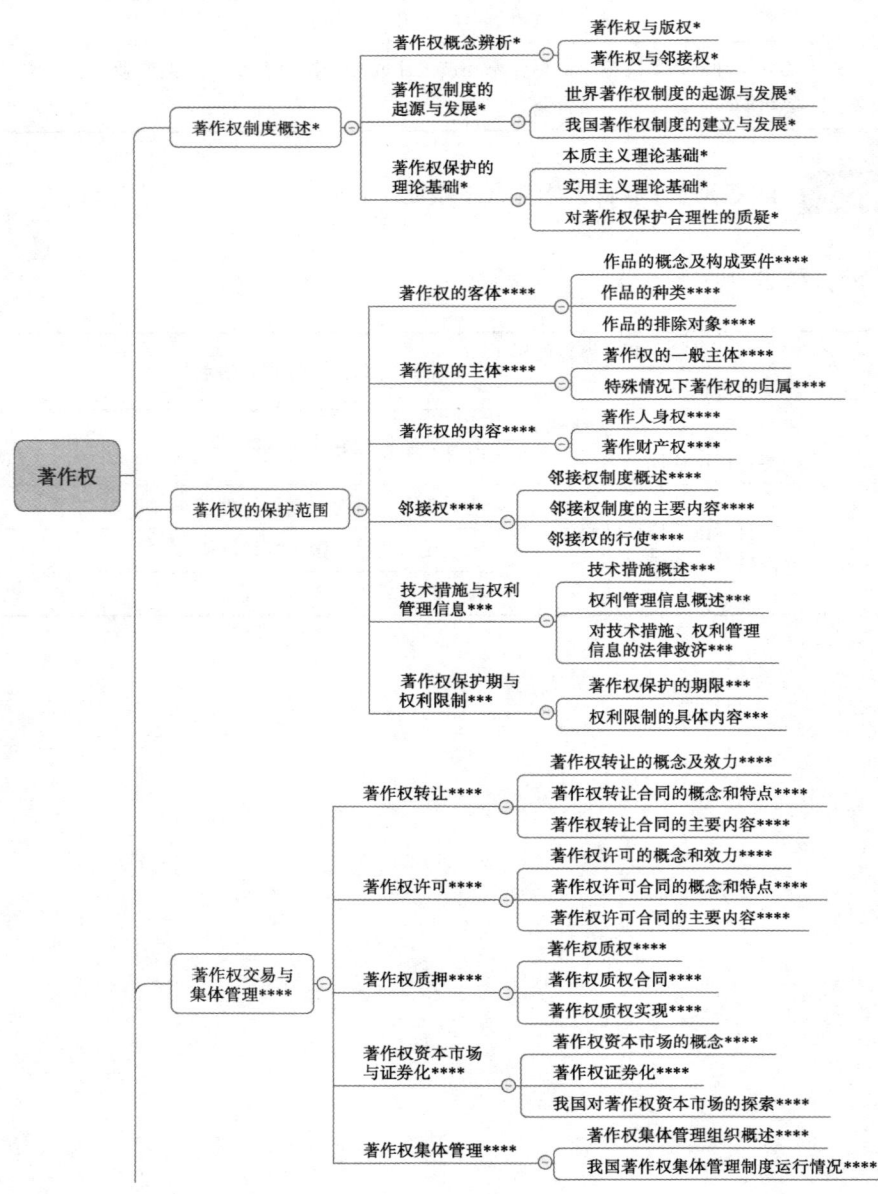

第八章 著作权

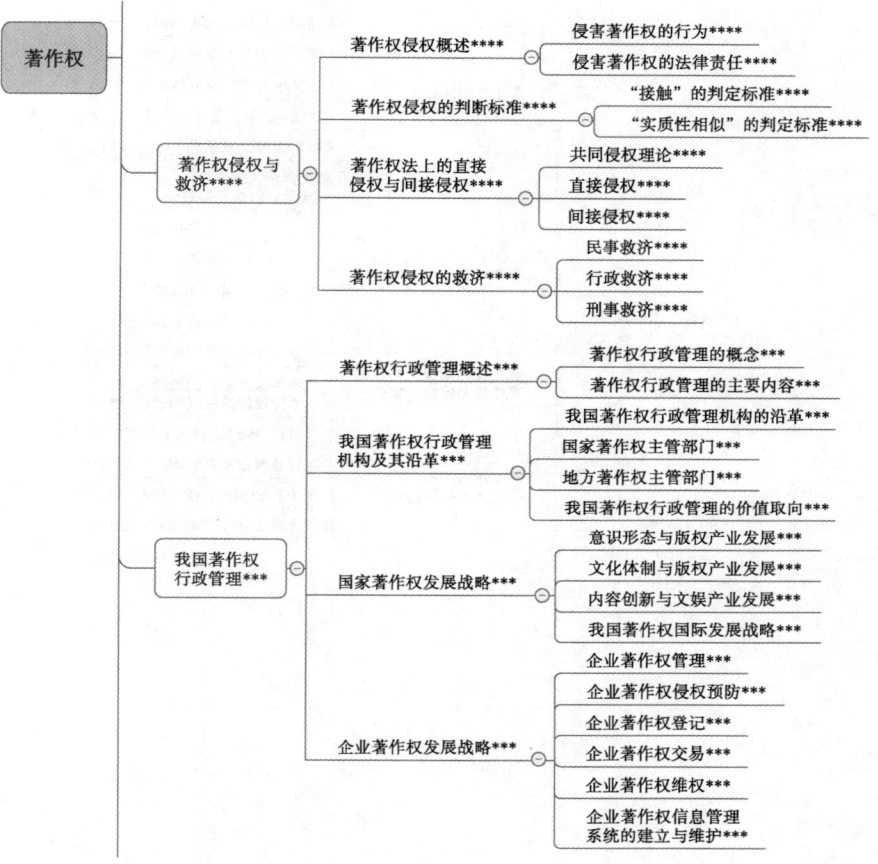

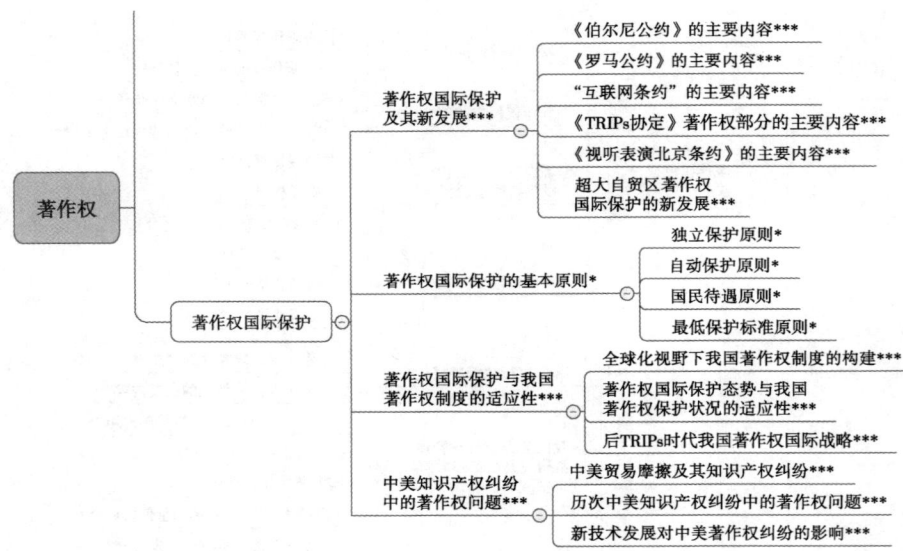

二、主要知识点

（一）掌握＊＊＊＊

1. 著作权的保护范围
2. 著作权转让、许可、质押
3. 著作权资本市场与证券化
4. 著作权集体管理
5. 著作权侵权的判断标准
6. 著作权法上的直接侵权与间接侵权
7. 著作权侵权的救济

（二）熟悉＊＊＊

8. 著作权保护期与权利限制
9. 我国著作权行政管理机构及其沿革
10. 国家著作权发展战略
11. 企业著作权发展战略
12. 著作权国际保护及其新发展
13. 著作权国际保护与我国著作权制度的适应性
14. 中美知识产权纠纷中的著作权问题
15. 著作权概念辨析
16. 著作权制度的起源与发展
17. 著作权保护的理论基础

（三）了解＊

18. 著作权国际保护的基本原则

三、知识点解析

知识点一　著作权与版权的概念辨析

■ 要求：了解 *

从比较法上考察，这两个概念并不完全一致。英美法系国家一般使用"版权"概念，强调权利人控制作品的传播并获得财产利益的权利。大陆法系国家一般使用"著作权"概念，在关注财产利益之余，同时强调作品与作者之间在人格意义上的联结。

在中国历史文化中，同样存在著作权与版权之辩。在知名学者郑成思与安守廉的争论中，郑成思先生认为宋代已具备版权保护的雏形，安守廉先生则认为宋代的出版制度服务于宋王朝思想控制的需求，其观点的不同可以部分地从著作权与版权的差异中得到解释。我国宋代虽有著作权保护的理念，也具有类似于西方特许出版权时期的制度样态，但保护著作财产利益的制度实践尚不存在。1910年《大清著作权律》沿用了日本"著作权"的称谓，将其规定为对著作"重制之利益"。中华人民共和国成立后，我国在法律文件中也时常混用"版权"与"著作权"。在一定程度上，这两个术语的含义已趋于一致。

我国著作权法制定之时，也曾有过关于"著作权"与"版权"用语的争论。随着《著作权法》的出台，这一争论落下帷幕。根据1991年实施的《著作权法》，"本法所称的著作权与版权系同义语"，这一表述在2001年修法中被更改为"本法所称的著作权即版权"，并沿用至今。

知识点二　著作权与邻接权的概念辨析

■ 要求：了解 *

"著作权"的概念有广义与狭义之分，广义的著作权既包括对作品享有的著作权，也包括对作品之外的劳动成果所享有的邻接权。"邻接权"又称"相关权""作品传播者权"，在我国《著作权法》中被称为"与著作权有关的权益"。邻接权是著作权法为某些不足以达到作品所要求的独创性的客体所创设的一种类似于著作权的权利，主要保护作品的传播利益，以促进对作品传播的投资。

邻接权权利客体是版式设计、表演、录音录像制品、广播电视节目的信号等，这些客体是在作品传播过程中产生的。这些客体的产生需要一定的投资与劳动，但其智力的体现尚不足以满足独创性的要求，因此邻接权权利客体不是作品。

知识点三　世界著作权制度的起源与发展

■ 要求：了解 *

15世纪的欧洲，印刷术的普及带来了复制成本的降低，对当时欧洲统治者和教会控制思想的能力构成威胁。早期的著作权本质上是一种由统治者颁发的印刷出版特权，而不是赋予智力创作者的私权保护。这种由封建君主或者地方政府赋予印刷出版商印刷作品的垄断权力的制度，在欧洲一直持续到17世纪末期。

著作权从垄断特权到私权的转变，是资本主义社会发展到一定阶段的产物。1709年，《安娜女王法》在英国下议院获得通过，该法第一次确认了作者对其作品享有财产权，并确立了作者在著作权法上的主体地位。《安娜女王法》废除了印刷特许制度，著作权的私权属性开始显现，该法也因此被视为世界上第一部真正意义上的著作权法。

从印刷时代到网络时代再到数字时代，著作权制度的每次变革都离不开科技的发展。著作权制度的变革体现出客体扩大、权利增多、保护期延长、形式要件放宽、执法标准提高等趋势；与此同时，对著作权保护施加限制，以维护富有的公有领域、促进未来作品的创作，也成为著作权研究和实务的重要领域。一言以蔽之，著作权制度总是在与科技发展的互动中寻找新的平衡点。

知识点四　我国著作权制度的建立与发展

■ 要求：了解 *

早在公元11世纪的宋代，我国就已有官府具状禁止翻刻的记载，亦有出版商寻求官方给予特权保护的具体事例，这与欧洲封建统治者赋予出版商的垄断特权十分相似，可以看作是我国著作权法律制度的雏形。

我国第一部具有现代著作权法特征的法律是清末时期颁布的《大清著作权律》。《大清著作权律》是清政府在外国帝国主义的压迫和国内学者的强烈要求之下，最终于1910年颁布的。这部法律在我国第一次肯定了作者在著作权法上的法律地位，其涵盖著作权的概念、客体、权利、保护期限、取得手续、权利限制、侵权救济等诸多内容，全面细致。不过，由于在颁布的第2年，清政府即覆灭，这部法律并未付诸实施。

《大清著作权律》对民国时期的著作权立法产生了重大影响。1915年，北洋军阀政府颁布了《北洋政府著作权法》，该法分为总纲、著作权人之权利、著作权之侵害、罚则、附则五章，内容基本沿袭了《大清著作权律》。北洋军阀政府垮台后，国民政府于1928年颁布了《中华民国著作权法》及其配套实施细则，该法内容与前两部法律大同小异。

中华人民共和国成立之初，我国并没有一部系统规定著作权保护的法律，关于著作权保护的规定散落在中央政府机关颁布的规章及其他规范性文件之中。改革开放以来，我国保护著作权的制度逐步健全起来。这一阶段具有代表性的规定包括原广播电视部1982年发布的《录音录像制品管理暂行规定》、原文化部出版局1984年发布的《书籍稿酬试行规定》等。1985年，国家版权局成立，承担指导全国著作权管理工作的任务，并负责草拟著作权法。1990年，我国《著作权法》正式颁布，并于1991年6月1日正式实施。这部法律规定了著作权的客体、著作权的内容、许可使用合同、权利限制、邻接权、著作权侵权的法律责任等内容，在内容和框架方面都体现出对《伯尔尼公约》的借鉴。

随后，我国《著作权法》经历了2001年、2010年两次修正。这两次修正的源起均为外部力量，或者源于加入国际公约的需要，或者源于国际社会的诉求。

知识点五　著作权保护的本质主义理论基础

■ 要求：了解 *

著作权保护的本质主义理论基础主要包括财产权劳动学说和人格财产学说，其特点在于从自然权利出发，论证著作权保护的正当性。

财产权劳动学说由英国哲学家约翰·洛克提出，用以证明财产权的合法性。洛克认为，在原始的自然状态下，资源为所有个体所共有，只有当个人通过劳动使物品从共有物中脱离，私有财产权才产生。通过劳动获得的财产权受两个条件的限制：一是留有足够多而同样好的东西给其他人，二是不浪费。财产权劳动学说对著作权保护具有解释力，因为智力劳动也是一种劳动，且由于作品具有无形性，对其物理意义上的占有不会阻碍他人获得作品，更容易满足上述两个条件。

人格财产学说源于德国哲学家格奥尔格·威廉·弗里德里希·黑格尔，他从自由意志出发，联结了人与物：人有权将其自身的意志体现在物中，使物在该意志中获得它的规定和灵魂，进而成为人的东西。作为人的思维的产物，作品自然也在作者的意志中获得它的规定和灵魂,这正是人格财产学说对著作权解释力之体现。

知识点六　著作权保护的实用主义理论基础

■ 要求：了解 *

著作权保护的实用主义理论基础主要包括激励理论、经济分析理论、社会正义理论和社会利益理论,其特点在于注重著作权保护所产生的社会效果及利益分配问题。

著作权保护的激励理论认为,著作权的赋予主要是为了实现两个目的:一是以经济利益激励人们从事创作活动,二是通过著作权制度实现促进文化繁荣、增加社会福利的目的。我国《著作权法》第1条中关于"鼓励有益于社会主义精神文明、物质文明建设的作品的创作和传播,促进社会主义文化和科学事业的发展与繁荣"的表述,是激励理论的典型体现。

财产权的经济分析理论认为,财产权的赋予应着眼于财产权效用的最大化。通过将社会资源分配给私人,并赋予其排他性权利,能够最大限度提升财产的价值。这种理论同样可以适用于著作权。从广义的角度来看,任何从"成本—收益"角度出发对制度进行评判的理论均可被纳入经济分析理论的范畴。

美国政治哲学家约翰·罗尔斯的社会正义理论认为,作为社会制度的首要价值的正义应当是区别于个别正义的社会正义。这种社会正义是在一种"无知之幕"后被选择的。罗尔斯的正义原则包括两部分:第一个原则要求平等地分配基本的权利和义务;第二个原则认为社会和经济的不平等只要其结果能给每一个人,尤其是那些最少受惠的社会成员带来补偿利益,就是正义的。第二个原则又包括差别原则和机会平等原则,后者优于前者。罗尔斯的正义理论对于著作权及其限制制度的正当性均具有证明力。

社会利益理论的代表人物是美国法学家罗斯科·庞德,这一理论关心实在的利益分配问题。庞德认为,法律是实现社会利益分配的主要工具,社会控制需要以法律为手段,使财产权利背负"社会利益"这一负担,以在人的合作本能与利己本能之间维持均衡。

知识点七　对著作权保护合理性的质疑

■ 要求：了解 *

虽有上述理论基础,对于著作权制度的合理性,人们仍不乏诟病的声音。例如,有学者就指出财产权劳动学说难以证明著作权保护的正当性，因为一旦赋予著作权保护，作品被有效利用的机会就减少了，这也是一种浪费。又如，有学者基于创作的兴趣以及创作为作者带来的声誉，否定作品创作需要经济激励。

总的来说，可以从以下三个维度对著作权保护合理性进行研究：一是考察特定理论本身的局限性；二是分析特定理论延伸适用于著作权领域所产生的问题；三是考察著作权制度运行的现实状况对特定理论的偏离。

知识点八　作品的概念及构成要件

■ 要求：掌握＊＊＊＊

我国《著作权法》所规定的"作品"，是指文学、艺术和科学领域内具有独创性并能以某种有形形式复制的智力成果。

构成著作权法意义上的"作品"应当满足三项要件：第一，作品应当是人类智力创作成果的体现，纯粹自然的产物不能构成作品；第二，作品应当具有独创性，独创性强调独立创作完成、体现作者的选择和判断以及达到一定的创作高度，其中的智力成分不能过于微不足道；第三，作品应当可被复制，复制的前提是作品须要以一定的外在形式固定下来，并能被外界所感知。

知识点九　作品的种类

■ 要求：掌握＊＊＊＊

文字作品，即小说、诗词、散文、论文等以文字形式表现的作品。文字作品不限于文学作品，产品说明书、以符号和数字等形式表现的作品，若满足作品的构成要件，亦可归于文字作品，但音乐的词曲不属于文字作品。

口述作品，指的是即兴的演说、授课、法庭辩论等以口头语言形式表现的作品。创作口述作品与以口头形式表演作品不同，对于前者而言，作品是在口述过程中被逐渐创作出来的，而后者则是对已有作品的表演。

音乐作品，即歌曲、交响乐等能够演唱或者演奏的带词或者不带词的作品。戏剧作品，是指话剧、歌剧、地方戏等供舞台演出的作品。曲艺作品，是指相声、快书、大鼓、评书等以说唱为主要形式表演的作品。舞蹈作品，是指通过连续的动作、姿势、表情等表现思想情感的作品。杂技艺术作品，是指杂技、魔术、马戏等通过形体动作和技巧表现的作品。

美术作品，是指绘画、书法、雕塑等以线条、色彩或者其他方式构成的有审美意义的平面或者立体的造型艺术作品。建筑作品，是指以建筑物或者构筑物形式表现的有审美意义的作品。

摄影作品，是指借助器械在感光材料或者其他介质上记录客观物体形象的艺术作品。摄影作品的独创性主要体现在对拍摄场景的布局以及对拍摄对象、拍摄角度、曝光度的选择等方面。

电影作品和以类似摄制电影的方法创作的作品，是指摄制在一定介质上，由一系列有伴音或者无伴音的画面组成，并且借助适当装置放映或者以其他方式传播的作品。

图形作品，是指为施工、生产绘制的工程设计图、产品设计图，以及反映地理现象、说明事物原理或者结构的地图、示意图等作品。模型作品，是指为展示、试验或者观测等用途，根据物体的形状和结构，按照一定比例制成的立体作品。

计算机软件，主要指的是计算机程序及其有关文档。计算机程序，是指为了得到某种结果而可以由计算机等具有信息处理能力的装置执行的代码化指令序列，或者可以被自动转换成代码化指令序列的符号化指令序列或者符号化语句序列。

文学、艺术和科学领域内具有独创性并能以某种有形形式复制的其他未在现行《著作权法》中类型化的作品，也可能获得保护，前提是需要有法律、行政法规的规定。

知识点十　著作权法中的排除对象

■ 要求：掌握＊＊＊＊

"思想—表达"二分法是区分受著作权法保护与不受著作权法保护的内容的基本原则。根据这一原则，仅存在于脑海中的、尚未以外在的表达形式体现的内容不受著作权法保护，抽象的思想、观念、创意、构思、概念、操作方法等亦不受著作权法保护。将思想保留在公有领域，有助于促进思想的交流，降低著作权保护的社会成本，实现著作权保护与公共利益的平衡。

根据我国《著作权法》，不适用于著作权保护的对象主要包括：①法律、法规，国家机关的决议、决定、命令和其他具有立法、行政、司法性质的文件及其官方正式译文；②时事新闻，即通过报纸、期刊、广播电台、电视台等媒体报道的单纯事实消息；③历法、通用数表、通用表格和公式。

143

知识点十一　著作权的一般主体

■ 要求：掌握＊＊＊＊

作者是创作作品的自然人，著作权法另有规定的除外，著作权属于作者。著作权法所称创作，是指直接产生文学、艺术和科学作品的智力活动。为他人创作进行组织工作，提供咨询意见、物质条件，或者进行其他辅助工作，均不视为创作。由法人或者非法人组织主持，代表法人或者其他组织意志创作，并由法人或者其他组织承担责任的作品，法人或者其他组织视为作者。

原始主体是在作品创作完成时直接享有著作权的自然人、法人或者其他组织；继受主体是根据法律规定或者合同约定，从原始主体处获得著作权的主体，其获得著作权的方式包括继承、受遗赠、转让等。

国家是著作权特殊的继受主体，对于可以依据继承法的规定转移的著作权权利，如果没有承受其权利义务的法人或者其他组织的，由国家享有。

外国人根据其作者所属国或者经常居住地国与中国签订的协议或者共同参加的国际条约，也可成为在我国受保护的著作权主体。未与中国签订协议或者共同参加国际条约的国家的作者以及无国籍人的作品首次在中国参加的国际条约的成员方出版的，或者在成员方和非成员方同时出版的，该作者可以在我国获得著作权法保护。

知识点十二　特殊情况下的著作权归属

■ 要求：掌握＊＊＊＊

职务作品是由公民为完成法人或者其他组织工作任务所创作的作品。职务作品的著作权一般由作者享有，但法人或者其他组织有权在其业务范围内优先使用。作品完成2年内，未经单位同意，作者不得许可第三人以与单位使用的相同方式使用该作品；经单位同意，作者许可第三人以与单位使用的相同方式使用作品所获报酬，由作者与单位按约定的比例分配。作品完成2年的期限，自作者向单位交付作品之日起计算。但下述职务作品的著作权由法人或者其他组织享有，作者仅享有署名权及根据约定获得报酬的权利：①主要是利用法人或者其他组织的物质技术条件创作，并由法人或者其他组织承担责任的工程设计图、产品设计图、地图、计算机软件等职务作品；②法律、行政法规规定或者合同约定著作权由法人或者其他组织享有的职务作品。

受委托创作的作品，著作权的归属由委托人和受托人通过合同约定。合同未作明确约定或者没有订立合同的，著作权属于受托人。委托作品著作权属于受托人的情形下，委托人在约定的使用范围内享有使用作品的权利；双方没有约定使用作品范围的，委托人可以在委托创作的特定目的范围内免费使用该作品。

合作作品是两人以上合作创作的作品，此类作品的著作权由合作作者共同享有。没有参加创作的人，不能成为合作作者。合作作品可以分割使用的，作者对各自创作的部分可以单独享有著作权，但行使著作权时不得侵犯合作作品整体的著作权。合作作品不可以分割使用的，其著作权由各合作作者共同享有，通过协商一致行使；不能协商一致，又无正当理由的，任何一方不得阻止他方行使除转让以外的其他权利，但是所得收益应当合理分配给所有合作作者。

汇编若干作品、作品的片段或者不构成作品的数据或者其他材料，对其内容的选择或者编排体现独创性的作品，为汇编作品，其著作权由汇编人享有。汇编作品属于双重著作权的作品，汇编人所享有的著作权仅限于对内容的选择和编排，其行使著作权时不能侵犯原作品著作权人的权利。未经授权创作汇编作品的行为构成对原作品著作权人的侵权，但汇编人仍可基于汇编行为，享有汇编作品的著作权。

对于改编、翻译、注释、整理已有作品而产生的作品，其著作权由改编、翻译、注释、整理人享有，但行使著作权时不得侵犯原作品的著作权。出版改编、翻译、注释、整理已有作品而产生的作品，应当取得改编、翻译、注释、整理作品的著作权人和原作品的著作权人许可，并支付报酬。

电影作品和以类似摄制电影的方法创作的作品的著作权由制片者享有，但编剧、导演、摄影、作词、作曲等作者享有署名权，并有权按照与制片者签订的合同获得报酬。电影作品和以类似摄制电影的方法创作的作品中的剧本、音乐等可以单独使用的作品的作者有权单独行使其著作权。

美术等作品原件所有权的转移，不视为作品著作权的转移，但美术作品原件的展览权由原件所有人享有。美术作品的其他著作权归属仍遵循著作权归属的一般原则。

古籍整理作品是古籍整理者对古籍进行整理后而形成的成果。古籍整理的主要方式包括影印、点校、注释、今译、辑佚、索引、编纂、数字化等。古籍整理工作需要整理者具有相当的历史、语法、音韵、训诂、修辞、版本目录等相关专业学识素养。整理者在古籍整理工作中付出独创性劳动的，可就整理后的作品享有著作权保护，适用演绎作品的保护规则。

人工智能创作的"作品"是由人类提供基础数据并由人工智能通过数据分析和算

法完成的内容。人工智能创作"作品"的独创性是由人工智能贡献的,其著作权归属可依协议确定。从理论上说,人工智能创造者、所有者、使用者均可能成为人工智能创作作品的著作权人。就人工智能创作的"作品"的著作权归属问题,目前尚无定论。可结合著作权理论基础、一般法理以及潜在后果,提出自己认为合理的观点。

知识点十三 著作人身权

■ 要求：掌握****

著作人身权,又被称为著作权精神权利,是作者对其创作的作品所享有的与其人身不可分割的非财产权利。著作人身权具有无期限性、不可分离性、不具有直接的财产内容等特点。

我国《著作权法》规定的著作人身权主要由下述权利构成：①发表权,即决定作品是否公之于众的权利；②署名权,即表明作者身份,在作品上署名的权利；③修改权,即修改或者授权他人修改作品的权利；④保护作品完整权,即保护作品不受歪曲、篡改的权利。

知识点十四 著作财产权

■ 要求：掌握****

著作财产权,又被称为著作权经济权利,是指著作权人依法享有的利用或者许可他人利用其作品并获得报酬的权利。著作财产权有一定的期限限制。

我国《著作权法》规定的著作财产权主要由如下权利构成：①复制权,即以印刷、复印、拓印、录音、录像、翻录、翻拍等方式将作品制作一份或者多份的权利；②发行权,即以出售或者赠与方式向公众提供作品的原件或者复制件的权利；③出租权,即有偿许可他人临时使用电影作品和以类似摄制电影的方法创作的作品、计算机软件的权利,计算机软件不是出租的主要标的的除外；④展览权,即公开陈列美术作品、摄影作品的原件或者复制件的权利；⑤表演权,即公开表演作品,以及用各种手段公开播送作品的表演的权利；⑥放映权,即通过放映机、幻灯机等技术设备公开再现美术、摄影、电影和以类似摄制电影的方法创作的作品等的权利；⑦广播权,即以无线方式公开广播或者传播作品,以有线传播或者转播的方式向公众传播广播的作品,以及通过扩音器或者其他传送符号、声音、图像的类似工具向公众传播广播的作品的权利；⑧信息网络传播权，即以有线或者无线方式向公众提供作品，使公众可以在其个人选定的时间和地点获得作品的权利；⑨改编权，即改变作品，创作出具有独创性的新作品的权利；⑩摄制权，即以摄制电影或者以类似摄制电影的方法将作品固定在载体上的权利；⑪翻译权，即将作品从一种语言文字转换成另一种语言文字的权利；⑫汇编权，即将作品或者作品的片段通过选择或者编排，汇集成新作品的权利。

除上述具体权利之外，《著作权法》还设置了"其他权利"这一兜底条款，以将尚未类型化但应当为著作权人控制的权利赋予著作权人，从而回应社会发展的新需求。

知识点十五　邻接权制度概述及其主要内容

■ 要求：掌握＊＊＊＊

邻接权制度的产生晚于著作权制度，随着无线电、录音录像、广播等新技术的出现而逐步形成。在邻接权制度中，表演者权是最早产生的。自诞生以来，邻接权制度始终随技术的变革而处于变动之中。作为世界上第一个保护邻接权的国际公约，《保护表演者、录音制品制作者和广播组织罗马公约》（以下简称《罗马公约》）的缔结标志着邻接权国际保护制度的兴起。随后，《保护录音制品制作者防止未经许可复制其录音制品公约》《关于播送由人造卫星传播载有节目的信号的公约》《世界知识产权组织表演和录音制品条约》《视听表演北京条约》等相继缔结。

知识点十六　邻接权的主要内容及其行使

■ 要求：掌握＊＊＊＊

1. 版式设计权

版式设计是指对印刷品的版面格式的设计，包括对版心、排式、用字、行距、标点等版面布局因素的安排。我国《著作权法》规定，出版者有权许可或者禁止他人使用其出版的图书、期刊的版式设计。此项权利的保护期为10年，截止于使用该版式设计的图书、期刊首次出版后第10年的12月31日。

2. 表演者权

表演者，是指演员、演出单位或者其他表演文学、艺术作品的人。表演者对其表演享有的权利，不以表演的文学、艺术作品仍在著作权保护期内为限。但是，若表演的对象并非文学、艺术作品，则不构成著作权法意义上的表演者。对于表演者在不同场合进行的多次表演，表演者就每次表演分别享有表演者权。表演者对其表演享有的权利包括：表明表演者身份的权利；保护表演形象不受歪曲的权利；许可他人从现场直播和公开传送其现场表演，并获得报酬的权利；许可他人录音录像，并获得报酬的权利；许可他人复制、发行录有其表演的录音录像制品并获得报酬的权利；许可他人通过信息网络向公众传播其表演，并获得报酬的权利。以上表演者享有的权利中，人身权的保护期不受限制，财产权的保护期为50年，截止于该表演发生后第50年的12月31日。

3. 录音录像制作者权

录音录像制作者权，是指录音、录像制品的制作者对其制作的录音、录像制品享有的专有权利。录音录像制作者对其制作的录音录像制品享有许可他人复制、发行、出租、通过信息网络向公众传播并获得报酬的权利。录像制作者还享有许可电视台播放的权利，但录音制作者并不享有这一权利。因此，广播电台、电视台使用录音制品，无须经过录音制作者许可，也无须向录音制作者支付报酬。录音录像制作者权的保护期为50年，截止于该制品首次制作完成后第50年的12月31日。

4. 广播电台、电视台的权利

广播电台、电视台享有的权利，即广播组织权。广播组织权的客体是广播组织播放节目的信号，而不是广播电视节目。广播电视节目构成作品的，可以获得著作权保护，但这并不影响广播电台、电视台基于对广播电视节目的播放行为而对播放信号获得的权利。广播组织权的主要内容包括转播权、录制权和复制权。上述权利的保护期为50年，截止于该广播、电视首次播放后第50年的12月31日。

5. 邻接权的行使

从广义上说，邻接权的行使，既包括自行行使与许可行使，也包括在权利受到侵犯时寻求法律救济。邻接权人行使权利的范围仅限于邻接权自身，不及于著作权。例如，对于表演戏剧作品的表演者而言，若该表演者并不是戏剧作品的著作权人，则其表演作品仍需取得著作权人的许可；被许可的第三方在获得表演者许可的同时，也需获得被表演作品的著作权人的许可。对于录音录像制品而言，被许可人复制、发行、通过信息网络向公众传播录音录像制品，还应当取得著作权人、表演者许可，并支付报酬。

知识点十七　技术措施

■ 要求：熟悉＊＊＊

"技术措施"指的是用于防止、限制未经权利人许可浏览、欣赏作品、邻接权保护的客体或者实施著作权和邻接权的有效技术、装置或者部件。权利人对技术措施享有的权利，即技术措施权。受著作权法保护的技术措施应为有效的技术措施。技术措施是否有效，应以一般用户掌握的通常方法是否能够避开或者破解为标准。

技术措施可以分为控制作品接触的技术措施和禁止侵犯权利的技术措施。

控制作品接触的技术措施主要用于防止、限制未经权利人许可浏览、欣赏作品、邻接权保护的客体的行为。此类技术措施并不直接保护著作权法明确赋予的权利，而以控制对作品的接触为主要目的。网络付费浏览是其典型样态。对此类技术措施的破坏、规避行为，并不必然导致对著作权和邻接权的侵犯。此类技术措施有助于保障版权人从公众对作品的欣赏中获得收益。

禁止侵犯权利的技术措施主要用于防止、限制未经权利人许可实施著作权和邻接权的行为。此类技术措施以著作权法明确赋予著作权人和邻接权人的权利为保护对象，因此，对此类技术措施的破坏、规避行为往往与著作权侵权行为相伴而生。对此类技术措施的保护，体现出著作权法对著作权人自力保护专有权利的认可。

知识点十八　权利管理信息

■ 要求：熟悉＊＊＊

权利管理信息，是指说明作品及其作者、表演及其表演者、录音录像制品及其制作者等的信息，作品、表演、录音录像制品等权利人的信息和使用条件的信息，以及表示上述信息的数字或者代码。这些信息附着于作品复制件之上，或者在作品向公众传播时出现。权利管理信息能够让使用者方便地了解作品、表演、录音录像制品等的权利状况和授权使用条件，有助于减少侵权、促进交易，从而间接发挥保护著作权的作用。

根据权利管理信息的内容，可以将其分为三类。第一类是关于作品、表演、录音录像制品等的信息，如作品名称、创作完成时间、作品著作权登记号、ISRC 编码等。第二类是关于权利人的信息，既包括原始权利人，也包括通过转让或者独占许可等方式获得著作权的继受权利人。第三类是关于使用条件的信息,如允许未经授权使用的行为、许可费的计算标准等。

知识点十九　对技术措施、权利管理信息的法律救济

■ 要求：熟悉＊＊＊

我国《著作权法》《信息网络传播权保护条例》《计算机软件保护条例》分别就规避或者破坏技术措施、删除或者改变权利管理信息的法律责任进行了规定。

根据《著作权法》，以下情形下，若无法律、行政法规的其他规定，应当根据情况承担停止侵害、消除影响、赔礼道歉、赔偿损失等民事责任；同时损害公共利益的，可以由著作权主管部门责令停止侵权行为，没收违法所得，没收、销毁侵权复制品，并可处以罚款；情节严重的，著作权主管部门还可以没收主要用于制作侵权复制品的材料、工具、设备等；构成犯罪的，依法追究刑事责任：①未经著作权人或者与著作权有关的权利人许可，故意避开或者破坏权利人为其作品、录音录像制品等采取的保护著作权或者与著作权有关的权利的技术措施的；②未经著作权人或者与著作权有关的权利人许可，故意删除或者改变作品、录音录像制品等的权利管理电子信息的。

根据《信息网络传播权保护条例》，故意规避或者破坏技术措施的，或者故意删除或者改变通过信息网络向公众提供的作品、表演、录音录像制品的权利管理信息，或者通过信息网络向公众提供明知或者应知未经权利人许可而被删除或者改变权利管理信息的作品、表演、录音录像制品的，根据情况承担停止侵害、消除影响、赔礼道歉、赔偿损失等民事责任；同时损害公共利益的，可以由著作权主管部门责令停止侵权行为，没收违法所得，非法经营额5万元以上的，可处非法经营额1倍以上5倍以下的罚款；没有非法经营额或者非法经营额5万元以下的，根据情节轻重，可处25万元以下的罚款；情节严重的，著作权主管部门可以没收主要用于提供网络服务的计算机等设备；构成犯罪的，依法追究刑事责任。故意制造、进口或者向他人提供主要用于规避、破坏技术措施的装置或者部件，或者故意为他人规避或者破坏技术措施提供技术服务的，由著作权主管部门予以警告，没收违法所得，没收主要用于规避、破坏技术措施的装置或者部件；情节严重的，可以没收主要用于提供网络服务的计算机等设备；非法经营额5万元以上的，可处非法经营额1倍以上5倍以下的罚款；没有非法经营额或者非法经营额5万元以下的，根据情节轻重，可处25万元以下的罚款；构成犯罪的，依法追究刑事责任。

根据《计算机软件保护条例》，故意避开或者破坏著作权人为保护其软件著作权而采取的技术措施的，或者故意删除或者改变软件权利管理信息的，应当根据情况，承担停止侵害、消除影响、赔礼道歉、赔偿损失等民事责任；同时损害社会公共利益的，由著作权主管部门责令停止侵权行为，没收违法所得，没收、销毁侵权复制品，可以并处罚款；情节严重的，著作权主管部门可以没收主要用于制作侵权复制品的材料、工具、设备等；触犯刑律的，依照刑法关于侵犯著作权罪、销售侵权复制品罪的规定，依法追究刑事责任。

知识点二十　著作权保护的期限

■ 要求：熟悉＊＊＊

著作权保护的期限，是著作权享有法律效力的时间界限。

作者的署名权、修改权、保护作品完整权的保护期不受限制。作者死亡后，其著作权中的署名权、修改权和保护作品完整权由作者的继承人或者受遗赠人保护。著作权无人继承又无人受遗赠的，其署名权、修改权和保护作品完整权由国家著作权主管部门保护。

著作权中的发表权及著作财产权的保护期为作者终生及其死亡后50年，截止于作者死亡后第50年的12月31日。但是，以下作品的发表权和著作财产权保护期适用特殊规定：

1）作者生前未发表的作品，如果作者未明确表示不发表，作者死亡后50年内，其发表权可由继承人或者受遗赠人行使；没有继承人又无人受遗赠的，由作品原件的所有人行使。

2）合作作品，保护期截止于最后死亡的作者死亡后第50年的12月31日。

3）法人或者其他组织的作品、著作权由法人或者其他组织享有的职务作品、电影作品和以类似摄制电影的方法创作的作品、摄影作品，保护期截止于作品首次发表后第50年的12月31日，但作品自创作完成后50年内未发表的，不再受著作权法保护。

4）作者身份不明的作品，保护期截止于作品首次发表后第50年的12月31日。作者身份确定后，再按照前述规定确定著作权保护期。

知识点二十一 著作权权利限制的具体内容

■ 要求：熟悉＊＊＊

著作权限制对于公有领域的繁荣、未来创作的激励至关重要，其存在广义与狭义之分。从广义上说，著作权的限制即对著作权保护范围进行划界，既包括内部限制也包括外部限制；著作权保护的独创性要求、"思想—表达"二分法、著作权保护的期限限制等，均属于广义上的著作权限制。从狭义上说，著作权的限制指的是著作权的内部限制，是指对本应经过著作权人许可方能实施的行为进行一定程度的豁免，主要包括合理使用与法定许可。

合理使用，指的是自然人、法人或者其他组织根据法律规定，可以不经著作权人许可，使用他人已发表的作品，且无须支付报酬的一项制度。根据我国《著作权法》，以下情形构成合理使用：①为个人学习、研究或者欣赏，使用他人已经发表的作品；②为介绍、评论某一作品或者说明某一问题，在作品中适当引用他人已经发表的作品；③为报道时事新闻，在报纸、期刊、广播电台、电视台等媒体中不可避免地再现或者引用已经发表的作品；④报纸、期刊、广播电台、电视台等媒体刊登或者播放其他报纸、期刊、广播电台、电视台等媒体已经发表的关于政治、经济、宗教问题的时事性文章，但作者声明不许刊登、播放的除外；⑤报纸、期刊、广播电台、电视台等媒体刊登或者播放在公众集会上发表的讲话，但作者声明不许刊登、播放的除外；⑥为学校课堂教学或者科学研究，翻译、少量复制或者通过信息网络提供已经发表的作品，供教学或者科研人员使用，但不得出版发行；⑦国家机关为执行公务在合理范围内使用已经发表的作品；⑧图书馆、档案馆、纪念馆、博物馆、美术馆等为陈列或者保存版本的需要，复制本馆收藏的作品，以及通过信息网络向本馆馆舍内服务对象提供本馆收藏的合法出版的数字作品和依法为陈列或者保存版本的需要以数字化形式复制的作品（但不得直接或间接获得经济利益，且当事人另有约定的除外）；⑨免费表演已经发表的作品，该表演未向公众收取费用，也未向表演者支付报酬；⑩对设置或者陈列在室外公共场所的艺术作品进行临摹、绘画、摄影、录像；⑪将中国公民、法人或者其他组织已经发表的以汉语言文字创作的作品翻译成少数民族语言文字作品在国内出版发行或者通过信息网络提供；⑫将已经发表的作品改成盲文出版。上述规定适用于对出版者、表演者、录音录像制作者、广播电台、电视台的权利的限制。

法定许可，是自然人、法人或者其他组织根据法律规定，可以不经著作权人许可而使用其作品，但应该按照规定支付报酬的制度。法定许可不存在著作权人与被许可人的合意，因此又称为"非自愿许可"。在满足法定许可的情形下，著作权人不享有禁止权，仅享有获酬权。根据我国《著作权法》及相关法律，以下情形适用法定许可：①为实施九年制义务教育和国家教育规划而编写出版教科书，在教科书中汇编已经发表的作品片段或者短小的文字作品、音乐作品或者单幅的美术作品、摄影作品，但作者事先声明不许使用的除外；②为通过信息网络实施九年制义务教育或者国家教育规划，使用著作权人已经发表作品的片段或者短小的文字作品、音乐作品或者单幅的美术作品、摄影作品制作课件，由制作课件或者依法取得课件的远程教育机构通过信息网络向注册学生提供；③作品在报刊上刊登后，其他报刊转载或者作为文摘、资料刊登，但著作权人声明不得转载、摘编的除外；④录音制作者使用他人已经合法录制为录音制品的音乐作品制作录音制品，但著作权人声明不许使用的除外；⑤广播电台、电视台播放他人已发表的作品；⑥广播电台、电视台播放已经出版的录音制品，但当事人另有约定的除外；⑦为扶助贫困，通过信息网络向农村地区的公众免费提供中国公民、法人或者其他组织已经发表的种植养殖、防病治病、防灾减灾等与扶助贫困有关的作品和适应基本文化需求的作品，但著作权人不同意提供的除外，且网络服务提供者应当在提供前公告拟提供的作品及其作者、拟支付报酬的标准，并不得直接或者间接获得经济利益。

知识点二十二　著作权转让的概念及效力

■ **要求：掌握 * * * ***

著作权转让，是指著作权人在著作权有效期内将著作财产权中的全部或者部分出让给他人。著作权转让是著作权利用、实现作品社会价值的一种重要方式。根据我国《著作权法》，著作财产权均可依合同约定而转让，被转让的权利在著作权保护期内由受让人单独享有，转让人不得行使。

知识点二十三　著作权转让合同的概念、特点及主要内容

■ **要求：掌握 * * * ***

著作权转让合同，是为实现著作权转让而在著作权人与受让人之间签订的合同。我国《著作权法》规定，著作权转让应当订立书面合同。著作权转让合同具有双务、

有偿、诺成、要式等特点。对于未采取书面形式的著作权转让合同，若一方已经履行主要义务，且对方接受的，该合同成立。

根据我国《著作权法》，著作权转让合同应当包括如下内容：①作品的名称；②转让的权利种类、地域范围；③转让价金；④交付转让价金的日期和方式；⑤违约责任；⑥双方认为需要约定的其他内容，如要求转让方保证其享有相应的权利，受让方行使合同约定的权利不会构成对第三方的侵权，以及争议解决条款等。对于转让合同中著作权人未明确转让的权利，未经著作权人同意，另一方当事人不得行使。

知识点二十四　著作权许可的概念及效力

■ 要求：掌握 ****

著作权许可，是指著作权人在著作权保护期内将其著作财产权的一项或者多项在一定期限、地域范围内授予他人使用的行为。著作权许可不改变著作权的权利归属，被许可人获得的是著作财产权中一项或者多项的有期限的使用权，而不是著作权本身。

根据著作权许可的权利性质，可将著作权许可分为独占许可、排他许可与普通许可，三种许可的效力亦存在差异。

知识点二十五　著作权许可合同的概念、特点及主要内容

■ 要求：掌握 ****

著作权许可合同，是指著作权人与被许可人为实现著作权许可而签订的合同。著作权许可合同具有双务、有偿、诺成等特点。

著作权许可合同主要包括如下内容：①许可使用的权利种类；②许可使用的权利是专有使用权或者非专有使用权；③许可使用的地域范围、期间；④付酬标准和办法；⑤违约责任；⑥双方认为需要约定的其他内容，如要求许可人保证其享有相应的权利，被许可人行使合同授予的权利不会构成对第三方的侵权，以及争议解决条款等。许可使用合同中著作权人未明确许可的权利，未经著作权人同意，另一方当事人不得行使。

知识点二十六　著作权质权

■ 要求：掌握 ****

债务人或者第三人有权处分的著作财产权可以出质，以作为债权的担保，这种通

过著作权质押形成的权利即为著作权质权。著作权质权是主合同债权的从权利，债权人为质权人，债务人或者第三人为出质人。我国《著作权质权登记办法》就著作权质权登记及其变更、注销进行了规定。

知识点二十七　著作权质权合同

■ 要求：掌握＊＊＊＊

根据我国《著作权质权登记办法》，以著作权出质的，出质人和质权人应当订立书面质权合同。著作权质权合同应当包括如下内容：①出质人和质权人的基本信息；②被担保债权的种类和数额；③债务人履行债务的期限；④出质著作权的内容和保护期；⑤质权担保的范围和期限；⑥当事人约定的其他事项。

知识点二十八　著作权质权实现

■ 要求：掌握＊＊＊＊

著作权质权实现，是著作权质权消灭的一种常见方式。在著作权所担保的债权到期仍未得到清偿时，质权人可以与出质人协议以质押财产折价，也可以就拍卖、变卖质押财产所得的价款优先受偿，以实现质权。质押财产折价或者变卖的，应当参照市场价格。出质人请求质权人及时行使质权，因质权人怠于行使权利造成损害的，由质权人承担赔偿责任。

知识点二十九　著作权资本市场的概念

■ 要求：掌握＊＊＊＊

资本市场是企业资金融通的重要渠道，资本市场包括中长期信贷市场、证券市场、外汇市场、黄金市场、期权市场等。著作权资本市场是以能产生可预期现金流收入的著作权未来收益权为依托，为企业提供资金融通的渠道。从创意的产生到受著作权法保护的作品的最终生成，有时需要巨大的资金投入，在拍摄电影等作品的情形下尤其如此。通过支持企业以股权交易、依法发行股票和债券等直接融资方式为著作权作品的生产过程进行融资，有助于缓解企业的资金压力，加快产业链资金流速，并加快作品的生产进程。

2020年1月3日,《国家知识产权局印发<关于深化知识产权领域"放管服"改革营造良好营商环境的实施意见>的通知》(国知发服字〔2020〕1号)。该通知提倡知识产权管理部门扩大知识产权金融服务范围,联合相关部门建立合作机制,引导银行业提供信贷支持,推动多类型知识产权混合质押,鼓励开发知识产权综合险种,加快推进知识产权证券化试点。该通知的出台反映出知识产权资本市场的发展日益受到重视的趋势。

知识点三十　著作权证券化

■ 要求:掌握 ＊＊＊＊

著作权证券市场,是著作权资本市场的一种。著作权证券市场以著作权证券化为前提。著作权证券化指的是作为发起人的著作权人将符合证券化要求的著作财产权转移给特殊目的机构,并由特殊目的机构面向市场发行可流通的证券。著作权证券化以著作权未来将产生的稳定的、可预期的现金流为基础,是实现资金融通的一种高效率、低成本的方式。自中共中央、国务院在《关于深化体制机制改革加快实施创新驱动发展战略的若干意见》中明确提出"探索开展知识产权证券化业务"以来,我国各地相继展开了知识产权证券化的尝试。

著作权证券化与股票、债券等融资方式存在信用基础的差异,具体表现在股票、债券是以资产所有者的整体信用为支撑,而著作权证券化则是以支撑该证券发行的著作权本身的信用为支撑。由于存在上述差异,著作权证券化的模式存在一定的特殊性。这一特殊性主要表现在通过特殊目的机构的设立,将被证券化的著作权资产从发起人的其他资产中分离出来,实现不同资产风险与收益的隔离。此外,在著作权证券化过程中,发起人通常需要选择多个著作权作为基础资产,进行优化组合,以避免基础资产过于单一所带来的风险。

知识点三十一　我国对著作权资本市场的探索

■ 要求:掌握 ＊＊＊＊

我国著作权资本市场的实践,以著作权质押、著作权基金、著作权证券化为典型。2007年上映的《集结号》是较早的仅用著作权作质押而融资成功的案例。2011年4月,北京中关村新媒体版权基金成立,专注于优质影视节目的制作投资。2018年12

月,中国首单知识产权供应链金融资产支持专项计划——"奇艺世纪知识产权供应链金融资产支持专项计划"在上海证券交易所获批发行,在解决著作权融资难题上迈出了重要的一步。

虽有上述尝试,囿于著作权资产价值的不确定性、易变性、难以预测性,我国尚未出现大规模的著作权资本市场运作实践。著作权资本市场的进一步发展,仍需仰赖于国内文化市场的进一步繁荣、法规体系的完善、著作权评估体系的发展以及著作权交易信息公示平台的建立。

知识点三十二 著作权集体管理组织

■ 要求:掌握＊＊＊＊

著作权集体管理组织,是指为权利人的利益依法设立,根据权利人授权、对权利人的著作权或者与著作权有关的权利进行集体管理的社会团体。著作权集体管理组织有权以自己的名义从事下列活动:①与使用者订立著作权或者与著作权有关的权利许可使用合同;②向使用者收取使用费;③向权利人转付使用费;④进行涉及著作权或者与著作权有关的权利的诉讼、仲裁等。我国目前共有5个著作权集体管理组织,分别是中国文字著作权协会、中国摄影著作权协会、中国音乐著作权协会、中国音像著作权集体管理协会和中国电影著作权协会。

我国著作权集体管理组织是非营利性社会团体,依照有关社会团体登记管理的行政法规和《著作权集体管理条例》的规定进行登记并开展活动。除依法设立的著作权集体管理组织外,其他组织和个人均不得实施著作权集体管理活动。

依法享有著作权或者与著作权有关的权利的中国公民、法人或者其他组织,可以发起设立著作权集体管理组织。设立著作权集体管理组织,应当具备下列条件:①发起设立著作权集体管理组织的权利人不少于50人;②不与已经依法登记的著作权集体管理组织的业务范围交叉、重合;③能在全国范围代表相关权利人的利益;④有著作权集体管理组织的章程草案、使用费收取标准草案和向权利人转付使用费的办法草案。国家著作权主管部门有权对设立著作权集体管理组织的申请作出批准或者不予批准的决定。申请人应当自国家著作权主管部门发给著作权集体管理许可证之日起30日内,依照有关社会团体登记管理的行政法规到国务院民政部门办理登记手续。

著作权集体管理组织会员大会是著作权集体管理组织的权力机构,会员大会行使下列职权:①制定和修改章程;②制定和修改使用费收取标准;③制定和修改使用费转付办法；④选举和罢免理事；⑤审议批准理事会的工作报告和财务报告；⑥制定内部管理制度；⑦决定使用费转付方案和著作权集体管理组织提取管理费的比例；⑧决定其他重大事项。著作权集体管理组织设立理事会，对会员大会负责，执行会员大会决定。

著作权集体管理组织依据其与权利人签订的合同开展著作权集体管理活动。权利人符合章程规定加入条件的，著作权集体管理组织应当与其订立著作权集体管理合同，不得拒绝。外国人、无国籍人可以通过与中国的著作权集体管理组织订立相互代表协议的境外同类组织，授权中国的著作权集体管理组织管理其依法在中国境内享有的著作权或者与著作权有关的权利。权利人可以根据章程规定的程序终止著作权集体管理合同，但著作权集体管理组织已经与他人订立许可使用合同的，该合同在期限届满前继续有效。著作权集体管理组织许可他人使用其管理的作品、录音录像制品等，应当与使用者以书面形式订立非专有许可使用合同。使用者以合理的条件要求与著作权集体管理组织订立许可使用合同，著作权集体管理组织不得拒绝。著作权集体管理组织应当根据国家著作权主管部门公告的使用费收取标准，与使用者约定收取使用费的具体数额。

著作权集体管理组织的资产使用和财务管理受国家著作权主管部门和民政部门的监督。对于权利人提出的查阅、复制著作权集体管理组织的财务报告、工作报告和其他业务材料等要求，著作权集体管理组织应当提供便利。

知识点三十三　我国著作权集体管理制度运行状况

■ 要求：掌握＊＊＊＊

我国著作权集体管理制度面临的挑战，既有来自内部的挑战，也有来自外部的挑战。其中，来自内部的挑战主要与集体管理制度的运作模式相关。长期以来，由于缺乏竞争，集体管理组织在运行中存在怠于维权、维权不利、收入分配不透明等问题，不断侵蚀着会员对著作权集体管理组织的信任度，部分会员的退出也使得集体管理组织的会员数量少、缺乏代表性的问题更显突出。从本质上说，集体管理制度的运行是一种规模效应的体现，随着会员、作品数量增多而实现边际成本递减、规模效应递增。在缺乏代表性的情况下，一方面，著作权集体管理组织的管理成本、信息成本、谈判成本并不会大幅降低；另一方面，权利人数量有限也降低了其他权利人入会、使用者与集体管理组织谈判的意愿，制约了网络外部性的发挥，进而导致著作权集体管理组织的制度优势无法实现。来自外部的挑战则与数字技术的发展直接关联。随着数字管理系统的兴起，著作权集体管理组织管理作品的优势不再明显。借助数字管理系统，权利人能够实现对单个作品的个别定价以及对交易过程中产生收益的全程追踪。与此同时，大型网络平台与权利人直接签约的趋势，也不断压缩着集体管理组织的运作空间。

关于我国著作权制度面临的其他挑战，可结合理论的发展和国内外实践中的新情况展开分析，并尝试提出可行的解决方案。

我国《著作权法》第三次修正曾尝试引入延伸性集体管理制度，使指定的著作权集体管理组织可以就非会员作品的特定权利实施管理。这一制度有助于解决使用者使用作品的困境，可以看作是对集体管理组织缺乏代表性的一种制度补救，但由于存在"被代表"的问题，且未关注到许可费制定中的程序纰漏，也遭到了不少诟病。关于延伸性集体管理制度是否可取，可以结合对集体管理制度的功能与价值定位的理解作出评判，并关注相应配套制度的构建问题。

知识点三十四　侵害著作权的行为

■ 要求：掌握＊＊＊＊

侵害著作权的行为包括著作权民事侵权行为、行政违法行为和刑事犯罪行为。

我国《著作权法》规定的著作权民事侵权行为包括如下类型：①未经著作权人许可，发表其作品的；②未经合作作者许可，将与他人合作创作的作品当作自己单独创作的作品发表的；③没有参加创作，为谋取个人名利，在他人作品上署名的；④歪曲、篡改他人作品的；⑤剽窃他人作品的；⑥未经著作权人许可，以展览、摄制电影和以类似摄制电影的方法使用作品，或者以改编、翻译、注释等方式使用作品的，《著作权法》另有规定的除外；⑦使用他人作品，应当支付报酬而未支付的；⑧未经电影作品和以类似摄制电影的方法创作的作品、计算机软件、录音录像制品的著作权人或者与著作权有关的权利人许可，出租其作品或者录音录像制品的，《著作权法》另有规定的除外；⑨未经出版者许可，使用其出版的图书、期刊的版式设计的；⑩未经表演者许可，从现场直播或者公开传送其现场表演，或者录制其表演的；⑪其他侵犯著作权以及与著作权有关的权益的行为。

侵害著作权的行为，如果同时损害公共利益，则构成著作权行政违法行为；情节严重的，构成刑事犯罪行为。我国《著作权法》《信息网络传播权保护条例》《著作权行政处罚实施办法》《刑法》等法律法规规定了著作权行政违法行为、刑事犯罪行为。

知识点三十五　侵害著作权的法律责任

■ 要求：掌握＊＊＊＊

与侵害著作权的行为相对应，侵害著作权的法律责任也包括民事责任、行政责任和刑事责任。侵害著作权的民事责任包括停止侵害（禁令救济）、赔偿损失、消除影响、赔礼道歉等，也包括没收违法所得、侵权复制品以及进行违法活动的财物。行政责任包括警告；罚款；责令停止侵权行为；没收违法所得；没收、销毁侵权复制品；没收主要用于制作侵权复制品的材料、工具、设备等。刑事责任主要包括有期徒刑、拘役、罚金等。

知识点三十六　著作权侵权的判断标准："接触"与"实质性相似"

■ 要求：掌握＊＊＊＊

著作权侵权判定的标准是"接触+实质性相似"。只有满足"接触"要件，才能排除独立创作的可能性；只有满足"实质性相似"要件，被控侵权作品对权利作品的利用才构成应受著作权法调整的不当利用。这一标准的确立有利于在保护著作人权利的同时，促进未来作品的创作，实现利益平衡。

"接触"指的是被控侵权作品的创作者在创作阶段存在对权利作品的接触。如果仅仅是接触权利作品创作过程中所需的素材，则不满足"接触"要件。"接触"既可以是实际接触，也可以基于推定，即存在接触的可能性。对于接触与否的判断，一般需结合作品发表时间、作品传播渠道、原被告之间的关系、原被告作品的相似之处及相似程度等，综合判断。

"实质性相似"是对权利作品与被控侵权作品之间相似程度的法律判断。实质性相似需要从相似的数量和质量两个维度进行评判。对于情节轻微、未对作品正常使用产生实质不利影响的，一般不宜认定为侵权。比较法上常用的实质性相似判定方法包括"普通观察者测试法""内外部测试法""抽象—过滤—比对法"等。

知识点三十七　著作权法上的共同侵权理论

■ 要求：掌握＊＊＊＊

共同侵权是一种特殊的侵权样态，是指二人以上共同侵害他人合法权益的情况。共同侵权的成立一般需要满足如下条件：①侵权主体必须为两人或两人以上；②行为人之间存在共同故意或者共同过失；③造成同一损害结果；④共同侵害行为是造成损害结果的共同原因。共同侵权行为的行为人就损害结果承担连带责任。

知识点三十八　著作权法上的直接侵权

■ 要求：掌握＊＊＊＊

著作权直接侵权行为，指的是未经授权直接行使著作权人享有的专有权利的行为。衡量一种行为是否构成直接侵权，应考察该行为是否受著作权人专有权利的控制，并判断行为人是否获得合法授权，以及行为是否符合合理使用、法定许可等权利限制情形。

知识点三十九　著作权法上的间接侵权

■ 要求：掌握＊＊＊＊

著作权间接侵权行为，指的是行为虽不构成著作权直接侵权，但是与直接侵权行为之间存在一定的联系，而且对损害结果具有原因力的一种侵权样态。教唆侵权与帮助侵权是著作权间接侵权行为的两种情形。一般来说，间接侵权的成立须要以存在直接侵权行为为条件。实践中存在争议的是，当教唆、帮助的行为享受合理使用豁免时，是否可以构成间接侵权。对于这一问题，可以结合著作权法基本原理及理念，参考专利间接侵权"独立说"与"从属说"的争论，提出自己的观点。

知识点四十　避风港原则与侵权豁免

■ 要求：掌握＊＊＊＊

随着人类社会步入网络时代，为实现促进网络服务高质量、多元化发展与保护著作权人权利之间的平衡，避风港原则应运而生。避风港属于免责条款，而不是归责条款；对于不满足避风港适用条件的网络服务商，其是否构成侵权仍须结合侵权责任成立的要件来判定。

根据我国《信息网络传播权保护条例》，满足下述条件的网络服务提供者无须承担赔偿责任。

网络接入服务提供者未选择并且未改变所传输的作品、表演、录音录像制品，且向指定的服务对象提供该作品、表演、录音录像制品，并防止指定的服务对象以外的其他人获得。

系统缓存服务提供者未改变自动存储的作品、表演、录音录像制品，不影响提供作品、表演、录音录像制品的原网络服务提供者掌握服务对象获取该作品、表演、录音录像制品的情况，且在原网络服务提供者修改、删除或者屏蔽该作品、表演、录音录像制品时，根据技术安排自动予以修改、删除或者屏蔽的。

信息存储空间服务提供者同时满足如下条件的：①明确标示该信息存储空间是为服务对象所提供，并公开网络服务提供者的名称、联系人、网络地址；②未改变服务对象所提供的作品、表演、录音录像制品；③不知道也没有合理的理由应当知道服务对象提供的作品、表演、录音录像制品侵权；④未从服务对象提供作品、表演、录音录像制品中直接获得经济利益；⑤在接到权利人的通知书后，删除权利人认为侵权的作品、表演、录音录像制品。

网络搜索链接服务提供者在接到权利人的通知书后，按照规定断开与侵权的作品、表演、录音录像制品的链接，且不存在明知或者应知所链接的作品、表演、录音录像制品侵权的情形的。

知识点四十一　著作权侵权的民事救济

■ 要求：掌握＊＊＊＊

禁令是最常见的针对侵权行为的民事救济方式。对于正在实施的侵害著作权、邻接权的行为，被侵权人有权要求人民法院责令侵权人立即停止侵权行为，无论侵权人是否具有主观故意或者过失。禁令分为临时禁令和永久禁令。在人民法院判决确认侵权成立之前，责令停止侵权有一定的不确定性，可能因原告败诉而被撤销，因此称作临时禁令；人民法院确认侵权成立后颁发的禁令为永久禁令。如果停止侵权将有悖于社会公共利益，造成当事人之间重大的利益失衡，或者无法执行，可以不判决停止侵权,而采取更充分的赔偿或者经济补偿等替代性措施。

临时禁令是一种行为保全措施。我国《著作权法》规定,著作权人或者与著作权有关的权利人有证据证明他人正在实施或者即将实施侵犯其权利的行为,如不及时制止将会使其合法权益受到难以弥补的损害的,可以在起诉前向人民法院申请采取责令停止有关行为和财产保全的措施。

实践中,还存在一种特殊的临时禁令,适用于电子商务平台。根据我国《电子商务法》,电子商务平台经营者在接到权利人发出的合格侵权通知后,应及时采取必要措施,并将该通知转送平台内经营者;平台内经营者接到转送的通知后,可以向电子商务平台经营者提交不存在侵权行为的声明;电子商务平台经营者在转送声明到达知识产权权利人后15日内,未收到权利人已经投诉或者起诉通知的,应当及时终止所采取的措施。疑似侵权商品在上述15日内的下架状态与施加临时禁令效果相仿,这种未经人民法院裁决而施加临时禁令的做法是否可取,值得深入分析。

侵权物品的处置,是一种较为特殊的著作权民事救济方式,其本质上属于民事制裁。根据我国《著作权法》第52条,人民法院审理案件,对于侵犯著作权或者与著作权有关的权利的,可以没收违法所得、侵权复制品以及进行违法活动的财物。对侵权物品的处置与否属于人民法院自由裁量权的范围,并非基于当事人的请求而采取。对侵权物品的处置有助于制止重复侵权,符合我国知识产权严保护的大趋势。

损害赔偿是一种较为普遍适用的带有财产内容的民事救济方式。损害赔偿额的计算方式如下:首先,侵害著作权或者与著作权有关的权利的,侵权人应当按照权利人的实际损失给予赔偿。权利人的实际损失,可以根据权利人因侵权所造成复制品发行减少量或者侵权复制品销售量与权利人发行该复制品单位利润乘积计算。发行减少量难以确定的,按照侵权复制品市场销售量确定。其次,如果权利人的实际损失难以计算的,可以按照侵权人的违法所得给予赔偿。如果权利人就侵权人的违法所得提供了初步证据,而与侵权行为相关的账簿、资料主要由侵权人掌握,且侵权人拒不提供或者提供虚假的账簿、资料,人民法院可以根据权利人的主张和提供的证据认定违法所得的数额。最后,权利人的实际损失或者侵权人的违法所得均不能确定的,由人民法院根据侵权行为的情节,判决给予50万元以下的赔偿。人民法院在确定赔偿数额时,应当考虑作品类型、合理使用费、侵权行为性质、后果等情节综合确定。赔偿数额还应当包括权利人为制止侵权行为所支付的合理开支,这一合理开支包括权利人或者委托代理人对侵权行为进行调查、取证的合理费用,以及符合国家有关部门规定的律师费用。

目前，我国著作权损害赔偿仍然主要适用填平原则。在《著作权法》第三次修正中，学者与实务界就引入惩罚性赔偿制度基本达成共识，未来我国的著作权损害赔偿制度将兼具补偿性和惩罚性，更好地实现对恶意侵权的震慑。

对于侵犯著作权人的发表权、署名权、修改权、保护作品完整权，侵犯表演者的表明表演者身份的权利、保护表演形象不受歪曲的权利的，可要求侵权人承担赔礼道歉、消除影响的民事责任。确定赔礼道歉方式、范围，应当考虑著作人身权及表演者人身权受侵害的方式、程度等因素，并应当与侵权行为造成损害的影响范围相适应。

知识点四十二　著作权侵权的行政救济

■ 要求：掌握 * * * *

著作权行政救济具有程序简便、高效、救济力度强等特点，能够弥补民事救济维权周期长、损害赔偿较低的不足。现阶段我国实行著作权行政保护和司法保护相结合的"双轨制"具有必要性。

根据我国《著作权法》，以下著作权民事侵权行为在损害公共利益的情况下，构成行政违法：①未经著作权人许可，复制、发行、表演、放映、广播、汇编、通过信息网络向公众传播其作品的，《著作权法》另有规定的除外；②出版他人享有专有出版权的图书的；③未经表演者许可，复制、发行录有其表演的录音录像制品，或者通过信息网络向公众传播其表演的，《著作权法》另有规定的除外；④未经录音录像制作者许可，复制、发行、通过信息网络向公众传播其制作的录音录像制品的，《著作权法》另有规定的除外；⑤未经许可，播放或者复制广播、电视的，《著作权法》另有规定的除外；⑥未经著作权人或者与著作权有关的权利人许可，故意避开或者破坏权利人为其作品、录音录像制品等采取的保护著作权或者与著作权有关的权利的技术措施的，法律、行政法规另有规定的除外；⑦未经著作权人或者与著作权有关的权利人许可，故意删除或者改变作品、录音录像制品等的权利管理信息的，法律、行政法规另有规定的除外；⑧制作、出售假冒他人署名的作品的。

除上述《著作权法》中明确列举的行为之外，下述行为也构成行政违法：①通过信息网络向公众提供明知或者应知未经权利人许可而被删除或者改变权利管理电子信息的作品、表演、录音录像制品的；②故意制造、进口或者向他人提供主要用于避开、破坏技术措施的装置或者部件，或者故意为他人避开或者破坏技术措施提供技术服务的；③通过信息网络提供他人的作品、表演、录音录像制品，未指明作品、表演、录音录像制品的名称或者作者、表演者、录音录像制作者的姓名（名称），或者未支付报酬，或者未依照《信息网络传播权保护条例》规定采取技术措施防止服务对象以外的其他人获得他人的作品、表演、录音录像制品，或者未防止服务对象的复制行为对权利人利益造成实质性损害的；④为扶助贫困通过信息网络向农村地区提供作品、表演、录音录像制品超过规定范围，或者未按照公告的标准支付报酬，或者未在提供前公告作品、表演、录音录像制品的名称和作者、表演者、录音录像制作者的姓名（名称）以及报酬标准的，或者在权利人不同意提供其作品、表演、录音录像制品后未立即删除的；⑤网络服务提供者无正当理由拒绝提供或者拖延提供涉嫌侵权的服务对象的姓名（名称）、联系方式、网络地址等资料的；⑥未经软件著作权人许可，出租著作权人的软件，或者转让、许可他人行使著作权人的软件著作权的；⑦其他有关著作权法律、法规、规章规定的应给予行政处罚的违法行为。

知识点四十三 著作权侵权的刑事救济

■ 要求：掌握＊＊＊＊

1. 著作权犯罪的构成要件

著作权犯罪主要包括侵犯著作权罪和销售侵权复制品罪，构成要件如下。

犯罪主体：两罪的主体均为一般主体，包含单位主体和个人主体。

犯罪主观方面：须满足故意和以营利为目的两项条件。除销售外，具有下列情形之一的，可以认定为"以营利为目的"：①以在他人作品中刊登收费广告、捆绑第三方作品等方式直接或者间接收取费用的；②通过信息网络传播他人作品，或者利用他人上传的侵权作品，在网站或者网页上提供刊登收费广告服务，直接或者间接收取费用的；③以会员制方式通过信息网络传播他人作品，收取会员注册费或者其他费用的；④其他利用他人作品牟利的情形。

犯罪客体：著作权或者邻接权。

犯罪客观方面：对于侵犯著作权罪，指的是未经著作权人或者邻接权人许可的以下行为：①复制发行其文字作品、音乐、电影、电视、录像作品、计算机软件及其他作品的；②出版他人享有专有出版权的图书的；③复制发行其制作的录音录像的；④制作、出售假冒他人署名的美术作品的。其中，"发行"包括总发行、批发、零售、通过信息网络传播以及出租、展销等活动，侵权产品的持有人通过广告、征订等方式推销侵权产品的，也构成"发行"。对于销售侵权复制品罪，指的是销售上述侵权复制品的行为。两罪的构成以满足一定的违法数额要件或者情节要件为前提,具体参见《刑法》及其配套司法解释。

2. 著作权犯罪的刑事责任

对于构成侵犯著作权罪的情形,违法所得数额较大或者有其他严重情节的,处3年以下有期徒刑或者拘役,并处或者单处罚金;违法所得数额巨大或者有其他特别严重情节的,处3年以上7年以下有期徒刑,并处罚金。对于构成销售侵权复制品罪的情形,违法所得数额巨大的,处3年以下有期徒刑或者拘役,并处或者单处罚金。罚金数额一般在违法所得的1倍以上5倍以下,或者按照非法经营数额的50%以上1倍以下确定。

对于侵犯著作权罪和销售侵权复制品罪,符合《刑法》规定的缓刑条件的,依法适用缓刑。但是,有下列情形之一的,一般不适用缓刑:①因侵犯知识产权被刑事处罚或者行政处罚后,再次侵犯知识产权构成犯罪的;②不具有悔罪表现的;③拒不交出违法所得的;④其他不宜适用缓刑的情形。

知识点四十四 著作权行政管理的概念

■ 要求:熟悉＊＊＊

著作权行政管理,是国家著作权主管部门运用行政权力对著作权事务进行管理,调整文化教育、新闻出版、广播影视、科学技术等领域涉及的著作权问题。良好的著作权行政管理有助于保护著作权人的权益,维护公共利益,促进著作权产业的发展。

知识点四十五 著作权行政管理的主要内容

■ 要求:熟悉＊＊＊

著作权行政管理的主要内容包括与著作权法实施相关的管理、著作权涉外工作的管理以及其他著作权事务的管理。与著作权法实施相关的管理,包括制定著作权管理的规章、开展著作权登记与备案、监管著作权集体管理组织、法定许可管理、查处著作权案件、著作权纠纷的调解等工作。著作权涉外工作的管理包括国际著作权条约的实施、监管外国作品著作权认证及作品自愿登记工作、处理涉外著作权关系、监督涉外著作权展会活动、查处涉外著作权案件等工作。其他著作权事务的管理主要包括为实施著作权战略所需进行的管理、著作权领域的公共服务、文化和宣传教育,还包括著作权先进集体、个人以及示范园区的评选等工作。

知识点四十六　我国著作权行政管理机构的沿革

■ 要求：熟悉＊＊＊

1985年，文化部呈报国务院，建议在文化部设立国家版权局。同年，国务院批复同意文化部的建议；同时决定将文化部原出版局改称国家出版局。国家出版局与国家版权局为一个机构、两块牌子。1987年1月，国务院决定撤销文化部所属国家出版局，设立直属国务院的新闻出版署，保留国家版权局，继续保持一个机构、两块牌子的形式。2001年，新闻出版署（国家版权局）升格为正部级单位，改称新闻出版总署（国家版权局），仍为一个机构、两块牌子。2013年3月，全国人大十二届一次全体会议批准《国务院机构改革和职能转变方案》和《国务院关于机构设置的通知》（国发〔2013〕14号），将新闻出版总署、广电总局的职责整合，组建国家新闻出版广电总局，加挂国家版权局牌子。2018年3月，中共中央印发的《深化党和国家机构改革方案》明确指出，"为加强党对新闻舆论工作的集中统一领导，加强对出版活动的管理，发展和繁荣中国特色社会主义出版事业，将国家新闻出版广电总局的新闻出版管理职责划入中央宣传部。中央宣传部对外加挂国家新闻出版署（国家版权局）牌子"。2018年4月16日，国家版权局正式揭牌。

知识点四十七　国家著作权主管部门

■ 要求：熟悉＊＊＊

我国国家著作权主管部门为国家版权局，主管全国的著作权管理工作。国家版权局在著作权管理方面的主要职责包括：①起草著作权管理的法律法规草案，制定著作权管理的规章并组织实施；②组织查处有重大影响的著作权侵权案件和涉外侵权案件，负责处理涉外著作权关系和有关著作权国际条约应对事务；③组织开展著作权对外交流与合作的有关工作。此外，国家版权局还承担多项出版管理职能。

中国版权保护中心是国家新闻出版署、国家版权局直属事业单位，是我国唯一的计算机软件著作权登记、著作权质权登记机构。中国版权保护中心的主要服务项目包括国内外著作权登记、数字版权服务、版权鉴定、版权咨询、软件著作权登记信息分析、版权法律服务、面向产业的版权咨询服务、作品保管、版权培训与宣传等。

知识点四十八　地方著作权主管部门

■ 要求：熟悉＊＊＊

我国地方著作权主管部门指的是各省、自治区、直辖市设立的著作权主管部门。地方著作权主管部门的主要职责包括在管辖范围内指导著作权自愿登记工作、组织开展企业版权知识培训、组织开展软件正版化工作、组织著作权的咨询服务工作、指导监督著作权中介组织的工作等。根据我国《行政处罚法》《国务院关于进一步推进相对集中行政处罚权工作的决定》，我国有些地方的著作权行政执法权由文化市场综合行政执法机构统一行使。与此同时，也有部分实施专利权、商标权、著作权"三合一"管理的地区由市场监督管理部门实施著作权行政执法权。

知识点四十九　我国著作权行政管理的价值取向

■ 要求：熟悉＊＊＊

在我国，著作权行政管理体制长期附属于新闻出版体制之下，著作权也被认为与新闻传播、文化控制、伦理道德乃至意识形态相关，新一轮国家机构改革更强化了这一趋势。我国著作权行政管理在强调保护著作权、维护竞争秩序的同时，也十分重视对著作内容的舆论管控。这也是我国未采取"三合一"体制的重要原因之一。

著作权行政管理和社会管理，是我国著作权保护体系的重要组成部分，二者相互依存，不可偏废。在强调行政管理时，不能忽视社会管理的作用，应当对社会管理加以扶植、制定政策、加强指导。

知识点五十　国家著作权发展战略：意识形态与版权产业发展

■ 要求：熟悉＊＊＊

著作权对著作权人而言是有价值的资产，对于国家也是重要的战略资源。完善著作权制度、促进版权产业的发展、实现著作权国际发展战略，是我国知识产权战略的重要组成部分。我国著作权主管部门应当积极配合并服务于国家著作权发展战略。

国家著作权发展战略的落实，需要处理好意识形态与版权产业发展的关系。既要发挥市场在版权产业发展中的基础性地位，也要注重意识形态对版权产业发展的引领作用;要避免版权产业发展中感性欲望的泛化、主体人格的异化和人文精神价值的消解等由过度市场化带来的弊端。

知识点五十一　国家著作权发展战略:文化体制与版权产业发展

■ 要求:熟悉＊＊＊

文化产业主要包含以文化为核心内容而进行的创作、生产、传播、展示文化产品和提供文化服务的产业,以及文化辅助生产和中介、文化装备生产和文化消费终端生产等产业。作为文化产业的重要组成部分,版权产业的发展需要以文化体制创新为依托。近年来,我国在进一步深化文化体制改革方面出台了一系列政策性文件,从财政税收、投融资、资产处置、工商管理、考评机制等方面制定了有利于版权产业发展的举措,这些举措应当进一步推广,从而为增强全社会创造活力奠定更为坚实的基础。

知识点五十二　国家著作权发展战略:内容创新与文娱产业发展

■ 要求:熟悉＊＊＊

新媒体的发展丰富了作品传播渠道,为优质作品的收益变现提供了更多的可能性。但是,若没有著作权制度保驾护航,盗版的猖獗将损害创作者的创作激励,并造成遏制内容创新、破坏文娱产业竞争秩序的恶果。在国家著作权发展战略中,为文娱产业有序竞争树立规则是至关重要的一环,这既需要平衡创作主体与传播主体的利益,也需要进一步思考通过著作权制度完善实现内容创新收益回馈创作者的具体路径。

知识点五十三　国家著作权发展战略:我国著作权国际发展战略

■ 要求:熟悉＊＊＊

著作权资源是国际贸易中的一项重要资源,我国著作权国际发展战略的实现应以发挥著作权资源优势为依托。在经济层面,应当倡导公平合理的国际著作权贸易秩序,促进著作权资源优势向经济优势转化。在文化层面,应当考虑将著作权国际发展战略与建设社会主义文化强国相结合的实现路径,促进展现中华文化独特魅力、反映当代中国价值观念的作品的创作和海外传播,提升国家文化软实力和国际话语权。

知识点五十四　企业著作权发展战略：企业著作权管理

■ 要求：熟悉＊＊＊

企业著作权管理，指的是企业运营中所展开的一切与著作权相关的活动的总称，主要包括企业著作权侵权预防、著作权登记、著作权交易、著作权维权、著作权信息管理系统的建立与维护等。企业著作权管理对降低企业著作权侵权风险、保护企业著作权、促进企业可持续发展具有重要的作用。企业应将著作权管理工作提升至战略高度，从产业角度对著作权管理工作展开通盘考量，提高著作权意识，明确各部门的著作权管理职责，通过各部门之间的信息沟通与协调配合，实现著作权全链条管控。

知识点五十五　企业著作权发展战略：企业著作权侵权预防

■ 要求：熟悉＊＊＊

企业著作权侵权预防对于降低企业运营中的著作权侵权风险至关重要。为建立有效的企业著作权风险控制制度，企业版权合规部门应对业务部门进行必要的法律培训，对企业生产链各环节潜在的著作权侵权风险进行充分提示，要求业务部门就存在风险的情况及时进行咨询，以尽早获得授权或者替换掉侵权元素，实现著作权侵权的源头控制和及时补救。

知识点五十六　企业著作权发展战略：企业著作权登记

■ 要求：熟悉＊＊＊

著作权登记是确定作品著作权人、作品完成时间的初步证据，对于企业投融资和维权等活动的展开具有重要的作用。对于员工完成的作品，企业是否能以自己的名义进行登记，取决于作品是否满足《著作权法》规定的相应条件。企业开展著作权登记工作应注重创作生产部门与版权合规部门之间的合作，对创作完成的作品及时、全面地进行著作权登记。对于时间戳、区块链等有助于著作权确权的新技术，企业也应积极探索，并密切关注司法实践中的态度。

知识点五十七　企业著作权发展战略：企业著作权交易

■ 要求：熟悉＊＊＊

企业著作权交易主要指的是企业以著作权资产为标的展开的交易活动，包括著作权使用许可、转让、质押、融资等。通过著作权交易，企业能够降低侵权风险，盘活著作权资源，实现著作权资源效益最大化。但是，错误的交易决策也会使企业蒙受风险，因此，企业需要对交易权限进行管控。著作权交易需要业务部门与版权合规部门共同参与，其中，业务部门主要从市场层面评估交易的可行性，版权合规部门主要从法律层面审核交易链条的完整性，降低交易风险，确定交易双方的权利义务。著作权交易并非一劳永逸，企业需要对著作权交易后的作品状态进行实时跟进，作出相应的策略调整。企业对著作权交易的规划应当长远，建立常态化、有序化、规模化的著作权资源开发体系。

知识点五十八　企业著作权发展战略：企业著作权维权

■ 要求：熟悉＊＊＊

企业著作权维权是确保著作权资源保值增值的重要手段。对于核心版权资源，企业应当建立常态化维权机制，定期开展侵权排查活动，并视侵权方式、企业与侵权人的关系、侵权严重程度等，采取发出侵权警告函、平台投诉、侵权诉讼、行政举报或者投诉、检举犯罪等措施。企业著作权维权工作以法律部门为主导，业务部门和技术部门应在事实收集、技术事实的确认等方面提供协助。

知识点五十九　企业著作权发展战略：著作权信息管理系统的建立与维护

■ 要求：熟悉＊＊＊

企业著作权信息管理系统是企业实现著作权管理效率化的关键。企业应当对版权资源进行全盘梳理盘整，引入技术手段实现版权管理系统提升。总的来说，企业著作权信息管理系统应当实现两方面的功能：

1）信息记录及提示。通过系统全面记录著作权权属、授权使用信息、维权信息等，实现权利到期提示，著作权维权状态的实时更新。

2）版权数据分析功能。大数据分析有助于企业研判著作权交易的趋势，进而制定更为完善的交易策略。大数据也能够帮助企业精准定位侵权多发平台，提升侵权监测的效率，实现对侵权行为的有效打击。

知识点六十　《伯尔尼公约》的主要内容

■ 要求：熟悉＊＊＊

《伯尔尼公约》是著作权国际保护最重要、最基本的国际公约。《伯尔尼公约》签订于1886年，生效于1887年，历经多次修订。中国于1992年10月15日加入《伯尔尼公约》，适用经1971年修订后的巴黎文本。

《伯尔尼公约》巴黎文本对国民待遇原则、独立保护原则、自动保护原则等著作权国际保护的基本原则作出了规定，并引入了"起源国"概念，作为区分保护的标准。具言之，作者在作品起源国以外的成员方中享有各该国法律现在给予和今后可能给予其国民的权利，以及本公约特别授予的权利；作品在起源国享有的保护由该国法律规定，非起源国国民的作者在该国应享有与该国作者相同的权利。关于作品起源国的确定，详见该公约第5条的规定。

知识点六十一　《罗马公约》的主要内容

■ 要求：熟悉＊＊＊

《罗马公约》于1961年签订于罗马，其为表演者、录音制作者、广播组织提供邻接权保护。目前我国尚未加入该公约。

根据本公约，表演者享有禁止固定、录制其现场表演的权利，禁止向公众广播或者传播其现场表演的权利，以及在如下情形下禁止复制载有其表演的固定或者录音的权利：①最初的固定未经表演者同意；②复制行为违背了当初表演者同意的目的；③虽然法律许可特定目的录制，比如私人使用，但该录制后来被用于其他目的。对于已将表演录制并商业发行的录音制品的广播或者向公众传播，表演者享有获得报酬的权利。录音制作者享有禁止复制其录音制品的权利，以及从广播和向公众传播行为中获得合理报酬的权利。广播组织享有禁止转播、录制、复制其广播节目的权利，以及禁止在收门票的公共场所向公众传播电视节目的权利。公约规定的保护期限至少为20年。

知识点六十二　"互联网条约"的主要内容

■ 要求：熟悉＊＊＊

WCT 是《伯尔尼公约》的专门协定，于 1996 年签署，于 2002 年生效。WCT 主要涉及数字环境下作品和作品作者的保护。WCT 不与除《伯尔尼公约》以外的条约有任何关联，其任何内容均不得减损成员方相互之间依照《伯尔尼公约》已承担的现有义务。WCT 的主要内容包括：①新增了计算机程序、数据库两项受著作权法保护的客体；②新增了发行权、出租权并对其适用范围进行了限制，规定了更广泛的向公众传输的权利；③将《伯尔尼公约》中适用于复制权的"三步检测法"扩展到了作者的所有权利；④取消了对摄影作品适用较短保护期的规定；⑤新设对技术措施和权利管理信息的保护；⑥明确规定成员方有采取必要措施以确保条约适用的义务。

WPPT 于 1996 年由 WIPO 通过，于 2002 年生效，主要涉及两种受益人的知识产权，特别是其在数字环境中的知识产权：①表演者（演员、歌唱家、音乐家等）；②录音制作者（最先将声音录制下来并负有责任的自然人或法人）。WPPT 援引《罗马公约》确定受保护的条件，其国民待遇标准适用《罗马公约》的规定。

根据 WPPT，表演者对其以录音制品录制的表演享有复制权、发行权、出租权和提供权；对于未录制的现场表演享有广播权、向公众传播的权利（表演已属广播表演的除外）、录制权。WPPT 还是第一个赋予表演者精神权利的国际公约，其赋予了表演者承认其系表演者的权利，以及反对任何将有损表演者名声的歪曲、篡改或者其他修改的权利。录音制作者就其录音制品享有复制权、发行权、出租权和提供权。WPPT 赋予的经济权利保护期至少为 50 年。

知识点六十三　《TRIPs 协定》著作权部分的主要内容

■ 要求：熟悉＊＊＊

《TRIPs 协定》于 1994 年 4 月在斯德哥尔摩签订，它是关税及贸易总协定乌拉圭回合贸易谈判的产物之一，并由世界贸易组织负责执行。我国于 2001 年 12 月加入该协定。该协定规定了国民待遇原则和最惠国待遇原则，为知识产权的保护设定了全球性的最低标准，并包含了执法与争端解决的实质性条款。

《TRIPs 协定》在著作权部分延续了《伯尔尼公约》的规定，要求成员方遵守《伯尔尼公约》1971 年巴黎文本中第 1~21 条及其附录的规定，仅精神权利除外。在《伯尔尼公约》基础之上，《TRIPs协定》新增了关于计算机软件、数据汇编的规定，规定了电影作品和计算机软件作品的出租权，并规定了权利保护的例外和限制判定的"三步检验法"。关于邻接权，《TRIPs协定》的规定主要如下：①对于表演者，成员方应赋予其授权将表演录制在录音制品之上以及复制该录音制品的权利，授权通过无线广播方式播出以及向公众传播其现场表演的权利；②录音制作者应享有授权复制其录音制品的权利；③广播组织应享有授权录制以及复制录制品、以无线广播方式转播以及将其电视广播向公众传播的权利。对于上述邻接权规定，成员方可在《罗马公约》允许的限度内规定条件、限制、例外和保留。《TRIPs协定》还规定，对于出租录音制品的行为，录音制作者以及按照各成员方法律确定的录音制品的其他权利人享有出租权，或者就录音制品的商业性出租获得公平报酬的权利。

知识点六十四 《视听表演北京条约》的主要内容

■ 要求：熟悉＊＊＊

《视听表演北京条约》由2012年6月20日至26日在北京举行的保护音像表演外交会议通过，2020年4月28日正式生效。本条约涉及表演者对视听表演的知识产权。

根据本条约，表演者对其以视听录制品录制的表演，享有复制权、发行权、出租权和提供权；表演者对其为录制的现场表演，享有广播权（转播的情况除外）、向公众传播的权利（除非表演已属广播表演）、录制权。本条约还规定表演者享有精神权利，即要求承认其系表演者的权利（除非使用表演的方式决定可省略不提其系表演者），以及反对任何将有损表演者声誉的歪曲、篡改或者其他修改的权利，但同时应对视听录制品的特点予以考虑。

本条约规定，表演者应享有授权广播和向公众传播其以视听录制品录制的表演的权利。但是，缔约各方可以通知，它们将规定一项对于以视听录制品录制的表演直接或者间接地用于广播或者向公众传播获得合理报酬的权利，以代替授权的权利。任何缔约方均可以限制这一权利，或者在其对本条约作出保留的情况下拒绝这一权利。在某缔约方作出保留的情况下，并在这一范围之内，其他缔约方可以拒绝将国民待遇给予作出保留的缔约方。

知识点六十五 超大自贸区著作权国际保护的新发展

■ 要求：熟悉＊＊＊

以CPTPP、EPA为代表的超大贸易区的自由贸易协定，将著作权国际保护标准推向新的高度。

EPA 将作者、录音制作者的保护期延长为 70 年，规定缔约方应就艺术作品追续权保护交流意见和信息，并提倡缔约方在集体管理领域开展合作，以提高集体管理组织的透明度，消除对不同权利人的差别待遇。

自美国退出后，CPTPP 搁置了 TPP（即《跨太平洋伙伴关系协定》）中过于"美国化"的条款，这些条款包括：将著作权保护期延长为 70 年、对规避控制接触的技术措施的行为追究民事和行政责任、对违反权利管理信息保护规定的行为追究民事和行政责任、就违反加密卫星信号保护规定的行为追究民事和刑事责任、提升网络服务提供者的注意义务等。这些条款既有美国特殊利益的体现，也不乏对新技术带来的利益分配问题的正当考虑，能够在一定程度上反映著作权国际保护的新趋势。

知识点六十六　著作权国际保护基本原则：独立保护原则

■ 要求：了解 *

独立保护原则是著作权国际保护的一项基本原则。总的来说，著作权国际保护制度的发展并未从根本上突破著作权制度的地域性，其主要是为了推动作品国际交流与传播而为成员方提供的著作权保护施加一定的最低标准，并未形成一部统一的"国际著作权法"。因此，对外国公民创作的作品所提供的保护，在很大程度上仍是由该国著作权法律所规定的。《伯尔尼公约》第 5 条规定："除本公约条款外，保护的程度以及为保护作者权利而向其提供的补救方法完全由被要求给以保护的国家的法律规定"，此即为独立保护原则的典型体现。

知识点六十七　著作权国际保护基本原则：自动保护原则

■ 要求：了解 *

自动保护原则，是关于著作权国际保护的又一项基本原则。根据《伯尔尼公约》第 5 条，自动保护原则指的是著作权法上规定的权利的享有和行使无须履行任何手续，也无论作品起源国是否存在保护。无须履行任何手续，既包括无须注册、登记、交存作品复制件，也包括无须在作品原件或者复制件上加注著作权标识。自动保护原则并不排斥一国在本国法律中要求以某种形式固定作为受著作权法保护的条件，也不排斥一国在本国法律中将形式要件的取得作为在诉讼中获得律师费、法定赔偿的前提条件。

知识点六十八　著作权国际保护基本原则：国民待遇原则

■ 要求：了解 *

国民待遇原则，指的是一国应将其现在给予和今后可能给予本国国民的著作权保护给予其他国民。《TRIPs 协定》《伯尔尼公约》、WPPT 等均规定了国民待遇原则。《伯尔尼公约》对国民待遇适用的是"作者国籍"和"作品国籍"双重国籍标准，但该公约规定的国民待遇并不适用于公约规定的所有权利。例如，对于追续权，只有在作者本国法律承认这种保护的情况下，才可以在其他成员方内要求保护。WPPT 的国民待遇原则适用范围较为有限，仅适用于该条约所专门授予的专有权以及获得合理报酬的权利。

知识点六十九　著作权国际保护基本原则：最低保护标准原则

■ 要求：了解 *

最低保护标准原则，指的是一国给予其他成员方国民的著作权保护应当满足国际公约规定的最低保护标准，这些标准主要包括权利保护客体、权利取得方式、权利内容、权利保护期、权利限制等。最低保护标准意味着各国仍可以赋予其他成员方国民更宽泛的著作权保护。

最低保护标准原则是对国民待遇原则的重要补充。国民待遇原则是在承认各国著作权制度差异性的前提下，实现成员方著作权制度之间的协调，但在一国著作权保护水平较低的情况下，即使赋予国民待遇原则，也无法对另一成员方国民的著作权提供有效保护。最低保护标准原则有助于弥补这一缺陷，使各成员方在著作权保护水平方面实现一定程度的统一，这对于促进各国在文学、艺术、科学方面开展国际交流具有十分重要的意义。

知识点七十　全球化视野下我国著作权制度的构建

■ 要求：熟悉 * * *

我国 1990 年《著作权法》颁布之时，世界上已有诸多国家建立了较为成熟的著作权保护体系，并就著作权保护的基本原则和惯例达成了一系列共识。这些共识性的规定集中体现在《伯尔尼公约》中，并为我国所借鉴。我国著作权制度的两次修正也是为了适应著作权国际保护的新趋势。我国著作权制度的构建始终未离开全球化这一视野。

知识点七十一　著作权国际保护态势与我国著作权保护状况的适应性

■ 要求：熟悉＊＊＊

著作权国际保护始终处于动态发展之中。一方面，新近签署的双边、复边国际条约在著作权保护部分呈现出权利扩张、保护期延长、执法标准提升等趋势；另一方面，著作权人与作品传播者、使用者就新兴技术引发的利益分配的争议仍在持续，反著作权保护、促进知识共享的呼声亦未停歇。总的来看，目前著作权国际保护领域的主要争议体现在网络服务提供者的注意义务、网络时代广播组织权利的保护、邻接权客体、表演者和录音制作者对录音制品广播的禁止权与获益权、技术措施的保护、权利保护期、合理使用的适用范围、集体管理制度的改革等方面。应当积极关注著作权国际保护的最新动态，从制度与执法两个层面，分析我国著作权保护状况的适应性。

知识点七十二　后 TRIPs 时代我国著作权国际战略

■ 要求：熟悉＊＊＊

后 TRIPs 时代是更高保护标准的国际知识产权协议相继出炉的时代，也是知识产权领域"南北对抗"、发展中国家赶超的时代。我国著作权法第三次修改呈现出产业驱动的特点，标志着我国著作权制度变革的动力从外部转向内部，与之相应，我国著作权国际战略也应当进行一定的调整。随着经济发展及国际地位的提高，我国应当逐步摆脱在著作权保护中被动接受的局面，积极参与各种国际著作权合作，倡导符合我国著作权产业利益、发展中国家利益的国际著作权保护规则，促进国际著作权贸易的公平化。

知识点七十三　中美贸易摩擦及其知识产权纠纷

■ 要求：熟悉＊＊＊

改革开放以来，中国知识产权制度的演进基本上没有离开过中美互动。中美第一次知识产权争端发生于 1991 年，以双方于 1992 年签署《中美关于保护知识产权的备忘录》、要求中国改进知识产权制度告终。中美第二次知识产权争端发生于1994年，诱因为中国较为落后的知识产权执法状况，双方于1995年达成协议，并以《有效保护及实施知识产权行动计划》作为附件。中美第三次知识产权争端围绕中国如何执行1995年协议而展开，因1996年新协议的签订而结束。新协议明确了中国对1995年协议的履行状况以及将会进一步采取的措施，主要包括改善音像制品、电影和计算机软件等知识产权产品的市场准入。自2007年起，《特别301报告》关注的重点主要是中国的知识产权执法程序和执法效果、商业秘密保护、技术转让规定、自主创新政策等内容，这些也正是诱发本轮中美贸易战的导火索。

知识点七十四　历次中美知识产权纠纷中的著作权问题

■ 要求：熟悉＊＊＊

中美知识产权纠纷中的著作权问题，集中体现在各年度《特别301报告》中。例如，1991年的报告主要提出了两方面的问题：一是中国未能对发表于中国境外的美国作品提供保护，二是中国版权保护水平过低。1996年报告指出中国对音像和计算机软件作品零售市场著作权保护不力。2007年及其之后的报告在著作权方面主要关注犯罪门槛、赔偿额度、互联网盗版、软件正版化等问题。中美双方于2020年1月15日签署的经济贸易协议对上述问题进行了回应，协议要求双方规定足以阻遏未来知识产权窃取或侵权的民事救济和刑事处罚，采取有效、迅速的行动制止网络环境下的侵权，以及确保所有政府机构以及政府拥有或控制的实体均安装和使用经许可的软件。

知识点七十五　新技术发展对中美著作权纠纷的影响

■ 要求：熟悉＊＊＊

著作权制度的每一次变革，都与新技术发展带来的利益分配新格局息息相关。各国版权产业发展状况、国内利益团体博弈样态、意识形态、文化基础等方面的差异，决定了各国著作权制度变革方向的差异，冲突在所难免。以人工智能、区块链、虚拟现实等为代表的新技术，对现有的著作权客体、主体、权利内容、侵权责任、权利限制等制度提出了挑战，这也将为中美著作权制度博弈开辟新战场。对于由新技术引发的著作权保护新趋势，以及由此引发的中美博弈，也应持续关注。

第九章 地理标志

CHAPTER 9

一、基本内容框架

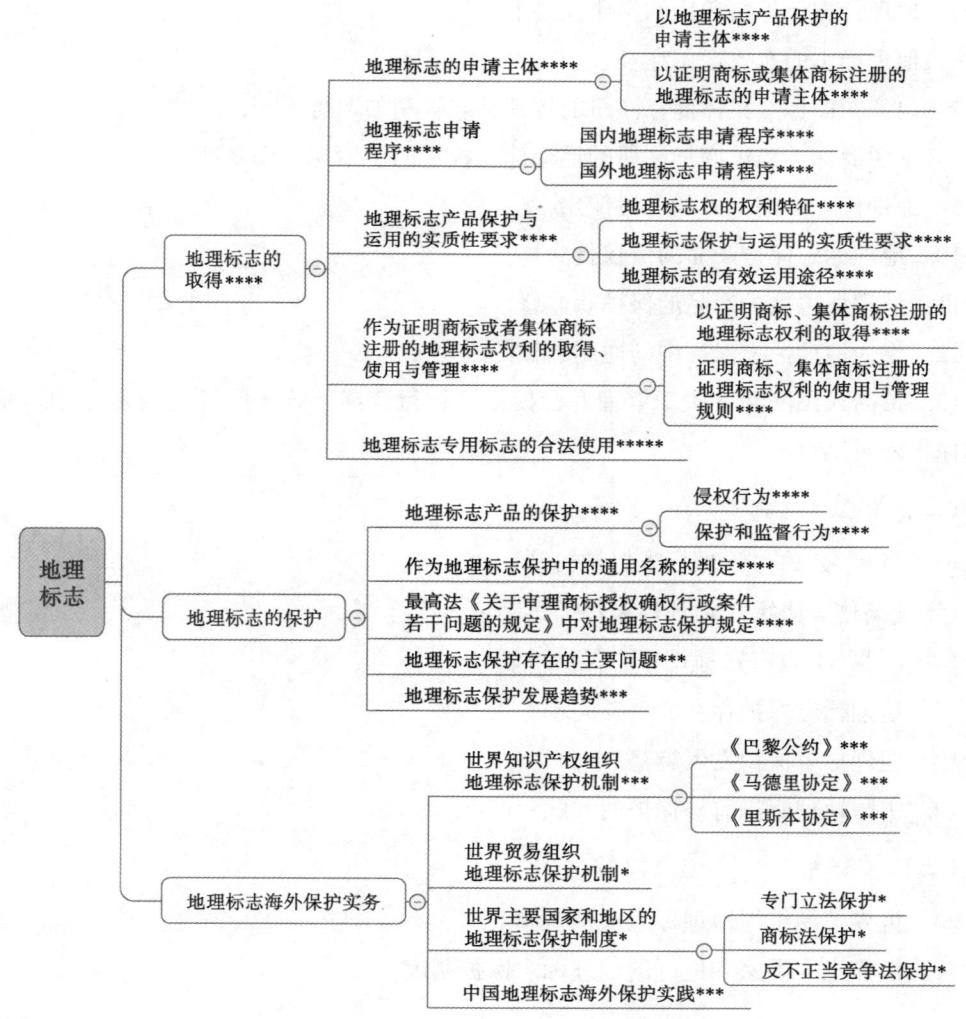

二、主要知识点

（一）掌握 * * * *

1. 地理标志申请主体
2. 国内地理标志申请和审查程序
3. 国外地理标志申请和审查程序
4. 地理标志的权利特征
5. 地理标志保护与运用的实质性要求
6. 地理标志的有效运用途径
7. 以证明商标、集体商标注册的地理标志权利的取得
8. 证明商标、集体商标注册的地理标志权利的使用与管理规则
9. 地理标志专用标志的合法使用
10. 地理标志保护产品的侵权行为
11. 地理标志保护产品的保护和监督
12. 作为地理标志保护中的通用名称的判定
13. 最高人民法院《关于审理商标授权确权行政案件若干问题的规定》中对地理标志保护的规定

（二）熟悉 * * *

14. 《巴黎公约》地理标志保护机制
15. 《马德里协定》地理标志保护机制
16. 《里斯本协定》地理标志保护机制
17. 地理标志保护存在的主要问题
18. 地理标志保护发展趋势
19. 中国地理标志海外保护的实践

（三）了解 *

20. 世界贸易组织地理标志保护机制
21. 世界主要国家和地区的地理标志保护制度

三、知识点解析

知识点一　地理标志的申请主体

■ 要求：掌握＊＊＊＊

类型	国内申请主体	国外申请主体
地理标志产品保护	县级以上人民政府指定的地理标志产品保护申请机构	该产品所在原国或地区地理标志保护的原申请人申请
	县级以上人民政府认定的协会，一般为行业协会、商会等社会团体	经原国或地区地理标志主管部门推荐
	县级以上人民政府认定的生产企业	
以证明商标或集体商标注册的地理标志	以集体商标注册的国内地理标志的申请主体以团体、协会或社会其他组织为主；该团体、协会或其他组织的组成人员原则上应都来自该地理标志标识的地区范围内	外国人或者外国企业应当提供该地理标志以其名义在其原属国受法律保护的证明
	以证明商标注册的地理标志的申请主体往往是具有一定监督和检测能力的专业机构	

知识点二　国内地理标志申请和审查程序

■ 要求：掌握＊＊＊＊

1. 地理标志申请

1）由有资格的申请人提出。

2）由省级知识产权管理部门负责对拟申请的地理标志产品的保护申请提出初审意见。

3）由省级知识产权管理部门将相关文件和资料上报给国家知识产权局。需要提交的材料有：

①有关地方政府关于划分产地范围的文件。

②有关地方政府成立申请机构或认定协会、企业作为申请人的文件。

③地理标志产品的证明材料。

④拟申请的地理标志产品的技术标准。

其中，相关的证明材料中主要包括：

①地理标志产品保护申请书。

②产品名称、类别、产地范围及地理特征的说明。

③产品的理化、感官等质量特色及与产地的自然因素和人文因素之间关系的说明。

④产品生产技术规范，包括产品加工工艺、安全卫生要求、加工设备的技术要求等。

⑤产品的知名度，产品生产、销售情况及历史渊源的说明。

2. 地理标志审核批准

1）省级知识产权管理部门对收到的申请先进行初步审查。

2）报国家知识产权局进行进一步的实质审查。审查合格的，由国家知识产权局在政府网站等媒体上向社会发布受理公告；若是审查不合格的，需要书面告知申请人。

在有关部门向社会发布受理公告后，若有关单位或有关人员对公告结果有异议，可以在公告后的2个月内向国家知识产权局提出。国家知识产权局按照地理标志产品的特点来设立相应的专家审查委员会，负责相关地理标志产品保护申请的技术审查工作。以上步骤之后，国家知识产权局将组织专家审查委员会对没有异议或者有异议但被驳回的申请进行技术审查，审查结果合格的，由国家知识产权局发布批准该产品获得地理标志产品保护的公告。

知识点三　国外地理标志申请和审查程序

■ 要求：掌握＊＊＊＊

1）地理标志申请由有资格的申请人提出。

需提供的中文书面材料有：

①国外地理标志产品在华保护申请书。

②申请人名称和地址、联系电话，在华联系人、地址和联系电话。

③在原产国或地区获准地理标志保护的官方证明文件原件及其经过公证的中文译本。

④原产国或地区地理标志主管机构出具的推荐文件，推荐该产品在华注册保护的官方文件原件及其经过公证的中文译本。

⑤原产国或地区地理标志主管机构出具的产地范围及其经过公证的中文译本。

⑥该产品的质量技术要求。

⑦检测报告：原产国或地区出具的，证明申请产品感官特色、理化指标的检测报告及其经过公证的中文译本。

⑧其他辅助证明资料等。

2）国家知识产权局收到申请材料后，需要在 30 个工作日内组织专家对申请材料进行形式审查。

在有关部门向社会发布受理公告后，若有关单位或有关人员对公告结果有异议，可以在公告后的 2 个月内向国家知识产权局提出。异议内容包括异议人姓名、单位名称、联系方式、异议的原因及证据材料等。异议应当以中文书写，签字或签章有效。国家知识产权局收到异议后，及时将异议内容反馈给申请人。异议由异议双方协商解决或由国家知识产权局组织异议双方协商解决；协商不定时，由国家知识产权局组织地理标志专家委员会审议后裁定。

知识点四　地理标志的权利特征

■ 要求：掌握 ＊＊＊＊

1）地理标志权是一项特定的地区权利，即地方性专有权。地理标志权的权利主体更加泛化，在淡化了权利的私有性的同时强化了权利的公共性。

2）地理标志权的所有者与使用者相分离。该权利是集体组织所拥有的一项专有权，对于集体组织中的个人成员来讲，该权利只能是一种使用权。

3）地理标志权的存续原则上无时间限制。地理标志只与特定地区的相应商品的特定质量、声誉或其他特征相关，只要这些关联性的内容依然存在，与其相应的地理标志权就可以一直存续下去，并无时间上的限制。

4）地理标志权与单纯的地理标志不具有唯一对应性。

5）地理标志权的处分受到限制。地理标志权的所有者与使用者往往是该地理区域之内的组织或者个体成员，其转让或转移相较于专利权、商标权或著作权等其他知识产权来说必然会受到更多的限制。

6）地理标志权是自动产生的，不以行政确权为前提。地理标志的自然属性，行政确权仅仅是为其提供保护，并不是用于创设这一权利。

知识点五　地理标志保护与运用的实质性要求

■ 要求：掌握 * * * *

国家知识产权局印发的《地理标志运用促进工程实施方案》为地理标志产品保护与运用提出实质性要求，主要有：

1）认识地理标志运用促进工程的重要性。实施地理标志运用促进工程是贯彻党中央、国务院决策部署，进行知识产权强国建设的一项重要任务，是提高知识产权运用综合效能、推动地方特色经济高质量发展的一项重要工作，也是实施乡村振兴战略、助力打赢扶贫攻坚战的一项重要举措。

2）抓好地理标志运用促进工程的组织实施工作。要充分发挥好中央财政资金扶持作用，对项目实施加大投入。

3）加强对地理标志运用促进工作的组织领导。有关部门单位、各省（区、市）知识产权管理部门需要高度重视地理标志运用促进工作，将其纳入本部门单位重点工作，加强规划政策引导，优化服务改革，确保各项工作有力推进，要进一步加强对地方地理标志运用促进工作的统筹指导。

知识点六　地理标志的有效运用途径

■ 要求：掌握 * * * *

目前地理标志存在的最突出的问题就是重注册、轻运用，而地理标志的运用才是关键所在。为更好地通过地理标志运用来促进经济发展，提出以下四个解决途径：

1）完善和加强地理标志立法和体系建设。在《商标法》体系下，用证明商标和集体商标进行地理标志的保护必然会存在问题，因此在立法方面，进行地理标志单独立法或者制定相关地理标志保护条例势在必行。

2）开展经济调研，进一步探索地理标志的作用，最大限度地利用地理标志蕴藏着的巨大经济潜力。明确地理标志工作中应该加强哪些环节，推动地理标志能够实证地去促进经济发展。

3）勇于打破壁垒，实现知识产权的综合运用。努力做到打通知识产权创造、运用、保护、管理和服务全链条，真正意义上地将专利、商标、地理标志等衔接起来，发挥组合效应。

4）强化与产业发展和中小企业发展相结合。将中小企业发展与地理标志产品相结合，是促进中小企业发展的重要方式之一。而地理标志产品要实现长久发展，品质的保证是重中之重。因此中小企业更要注重技术驱动，制定强化标准，这样才能不断扩大地理标志产品的影响力，而自身也会随之成长，逐渐形成地方支柱产业。

知识点七　以证明商标、集体商标注册的地理标志权利

■ 要求：掌握 ＊＊＊＊

1. 以集体商标申请注册

应当附送主体资格证明文件，并应当详细说明其所具有的或者其委托的机构所具有的专业技术人员、专业检测设备等情况，以表明其具有监督使用该地理标志商品的特定品质的能力。附送管辖该地理标志所标示地区的人民政府或者行业主管部门的批准文件。

2. 以证明商标申请注册

应当附送主体资格证明文件，并应当详细说明其所具有的或者其委托的机构具有的专业技术人员、专业检测设备等情况，以表明其具有监督该证明商标所证明的特定商品品质的能力。附送管辖该地理标志所标示地区的人民政府或者行业主管部门的批准文件。

外国人或者外国企业申请以地理标志作为集体商标、证明商标注册的，申请人应当提供该地理标志以其名义在其原属国受法律保护的证明。

知识点八　证明商标、集体商标注册的地理标志权利的使用与管理规则

■ 要求：掌握 ＊＊＊＊

1. 以集体商标申请注册

1）使用集体商标的宗旨。

2）使用该集体商标的商品的品质。

3）使用该集体商标的手续。

4）使用该集体商标的权利、义务。

5）成员违反其使用管理规则应当承担的责任。

6）注册人对使用该集体商标商品的检验监督制度。

2. 以证明商标申请注册

1）使用证明商标的宗旨。

2）该证明商标证明的商品的特定品质。

3）使用该证明商标的条件。

4）使用该证明商标的手续。

5）使用该证明商标的权利、义务。

6）使用人违反该使用管理规则应当承担的责任。

7）注册人对使用该证明商标商品的检验监督制度。

知识点九　地理标志专用标志的合法使用

■ 要求：掌握＊＊＊＊

《地理标志专用标志使用管理办法（试行）》从以下几个方面规范了专用标志的使用和管理。

1）明确了专用标志的官方标志属性。

2）明确了使用人的义务。拥有使用权的个人和组织必须是经公告核准使用地理标志产品专用标志的生产者或者经公告地理标志已作为集体商标注册的注册人的集体成员，从源头上保证了使用人的身份合法。

3）明确了使用要求。使用人应按要求规范标示地理标志专用标志，标注统一社会信用代码。

4）明确了使用监管责任。

知识点十　地理标志保护产品的侵权行为

■ 要求：掌握＊＊＊＊

侵犯地理标志权利人权利的行为主要有以下三类：

1）擅自使用或伪造地理标志名称及专用标志的行为。包括没有获得地理标志保护、不享有地理标志权的经营者，擅自使用已被核准的地理标志名称、专用标志，或者伪造专用标志的行为。

2）不符合地理标志产品标准和管理规范要求而使用该地理标志产品的名称的

行为。

3）使用与专用标志相近、易产生误解的名称或标识及可能误导消费者的文字或图案标志，使消费者将该产品误认为地理标志保护产品的行为。

知识点十一　地理标志保护产品的保护和监督

■ 要求：掌握＊＊＊＊

1）各地知识产权机构依法对地理标志保护产品实施保护；对地理标志产品的产地范围，产品名称，原材料，生产技术工艺，质量特色、质量等级、数量、包装、标识，产品专用标志的印刷、发放、数量、使用情况，产品生产环境、生产设备，产品的标准符合性等方面进行日常监督管理。

2）社会团体、企业和个人可监督、举报。

3）对地理标志保护产品的侵权行为，知识产权行政管理部门将依法进行查处。

知识点十二　作为地理标志保护中的通用名称的判定

■ 要求：掌握＊＊＊＊

判定与地理标志有关的通用名称是否成立时，应综合考虑以下要素：

1）名称在我国法律法规、国家标准或行业标准等规范中作为产品特定类型、类别使用的情况。

2）名称在我国出版发行的字典、辞典、工具书、报刊使用情况以及在我国互联网站的使用情况。

3）名称所指产品在我国市场生产、销售和流通时的使用情况。

4）名称所指产品在原产地之外，以不误导公众货物产地的方式进行生产的情况及其在我国开展贸易的情况。

5）其他可能造成该名称成为通用名称的因素。

知识点十三　最高人民法院《关于审理商标授权确权行政案件若干问题的规定》中对地理标志保护的规定

■ 要求：掌握＊＊＊＊

最高人民法院《关于审理商标授权确权行政案件若干问题的规定》第 17 条规定，

地理标志利害关系人依据《商标法》第16条主张他人商标不应予以注册或者应予无效，如果诉争商标指定使用的商品与地理标志产品并非相同商品，而地理标志利害关系人能够证明诉争商标使用在该产品上仍然容易导致相关公众误认为该产品来源于该地区并因此具有特定的质量、信誉或者其他特征的，人民法院予以支持。

如果该地理标志已经注册为集体商标或者证明商标，集体商标或者证明商标的权利人或者利害关系人可选择依据该条或者另行依据《商标法》第13条、第30条等主张权利。

其中，涉及几个地理标志保护的关键问题：

1）利害关系人：这个地理标志成立社团、协会等组织；如没有这些社团和协会，该地理标志的产品的生产加工者、市场经营者也可以作为利害关系人。

2）并非相同的商品：如一个标志是该代表产品的原产地名称，且在当地已经得到了保护，但是却在其他国家被用在了其他并非相同的产品上。那么考虑到标志本身在原产地的保护强度，加上不同产品与服务之间的差异程度，我国人民法院会认为即使该标志共存于市场上，也不会误导公众。

3）地理标志作为近似性对比：如果普通商标申请在前，地理标志注册在后，应该考虑地理标志的一些客观情况以及知名度、显著性、相关公众的认知等因素判断是否混淆；如果普通商标申请在后的话，可以从是否攀附地理标志知名的角度，以及是否容易造成相关公众对于商品或服务产生混淆的角度给予判断。

4）地理标志的跨类保护：理论上，如果普通商标在先构成驰名商标，也可以跨类保护，阻却地理标志商标的注册使用。跨类保护是对地理标志商标专用权的一种限制，而不是对地理标志本身的一种限制。

知识点十四 《巴黎公约》地理标志保护机制

■ 要求：熟悉＊＊＊

《巴黎公约》第1条第2款："工业产权的保护对象有专利、实用新型、外观设计、商标、服务标记、厂商名称、货源标记或原产地名称和制止不正当竞争。"明确将"货源标记"和"原产地名称"作为知识产权独立形态予以保护。

《巴黎公约》第10条规定了保护义务，要求对标有虚伪的货源或生产者标记的商品在输入时予以扣押。

世界知识产权组织（WIPO）负责对《巴黎公约》的管理和执行。

知识点十五　《马德里协定》地理标志保护机制

■ 要求：熟悉＊＊＊

《马德里协定》全称是《制止商品产地虚假或欺骗性标记马德里协定》，创始缔约方主要包括法国、西班牙、瑞士和英国等欧洲国家。

我国和美国均未加入该协定。

世界知识产权组织负责对《马德里协定》的管理和执行。

《马德里协定》规定凡带有虚假或欺骗性产地标记、直接或间接把缔约方之一或该缔约方的一个地方标为原产国或原产地的商品，必须在进口时予以扣押或禁止其进口，或对其进口采取其他行动和制裁手段。

知识点十六　《里斯本协定》地理标志保护机制

■ 要求：熟悉＊＊＊

《里斯本协定》是第一个对原产地名称提供专门保护的多边协定。

世界知识产权组织（WIPO）负责对《里斯本协定》的管理和执行。

截至 2020 年 1 月，《里斯本协定》由 30 个国家缔结，其中加入斯德哥尔摩文本成员方共 29 个。

《里斯本协定》第 2 条规定给出了原产地名称的定义："一个国家、地区或地方的地理名称，用于指示一项产品来源于该地，其质量或特征完全或主要取决于地理环境，包括自然和人为因素。"

我国尚未加入《里斯本协定》，目前以观察员的身份参加世界知识产权组织里斯本工作组的有关活动。

知识点十七　地理标志保护存在的主要问题

■ 要求：熟悉＊＊＊

地理标志保护仍然处在一个起步阶段，因此在保护过程中还存在一些问题，主要表现在以下几个方面。

1）地理标志与商标权的冲突。冲突主要表现在因商标法中对善意注册的在先权利进行保护,大量已经取得商标注册的含有地理标志的普通商标依然存在。这两种可对消费者造成认知混淆的标识的同时使用,使得这两项权利的行使在实践中纠纷不断。同时,有些已经被注册为普通商标的地理标志又根据《地理标志产品保护规定》获得了地理标志产品保护,这样就会出现某些产品同时有普通商标和地理标志产品保护的现象。如果二者属于同一主体通常不会出现问题,但若二者分别属于不同主体时就会产生矛盾和冲突。

2)集体商标、证明商标保护与地理标志产品保护之间不协调。同一地名称可能同时受到《商标法》和《地理标志产品保护规定》的保护,这会形成法律适用的冲突。

3)地理标志产品缺乏质量控制。

4)我国地理标志缺乏国际保护。我国政府和企业对地理标志的保护大多局限于国内市场,并没有足够地放眼于国际范围,尚未清醒地认识到我国地理标志在国际市场已经被严重侵害。

知识点十八　地理标志保护发展趋势

■ 要求:熟悉＊＊＊

1. 制定《中华人民共和国地理标志保护法》

根据《TRIPs协定》的精神,在本国不予保护的地理标志在国际上也得不到保护。当前我们对本国地理标志的保护情况和立法情况,还远远不能适应加入世界贸易组织后地理标志保护的迫切需要。鉴于地理标志巨大的经济价值和地理标志作为我国知识产权的优势,我们可以通过专门的立法来进行全方面、系统的保护。

2. 成立保护地理标志的专门机构

可考虑在国家知识产权局下设立一个专门的地理标志保护委员会,直接负责地理标志的审核、注册、使用管理和监督工作,并可以直接解决各种纠纷、协助司法机关人员制止和制裁对地理标志的盗用和滥用现象等,也可以直接对不正当使用的外国生产经营者提起诉讼等。

3. 制定保护地理标志的地方立法和部门规章

各地可以在不违背国内法基本原则的基础上,允许各相关部门,如质检部门、工商部门、农业部门等和当地政府一起结合当地的实际情况来制定相应的部门规章和地方法规,从而将地理标志的管理一起纳入一个完整的法律体系中。

4. 制定严格的地理标志的质量监督制度

可以考虑由地理标志保护的专门机构来具体负责制定有关产品的质量、特性等方面的国家标准，同时也可以负责对产品使用的全过程的监督。

知识点十九　中国地理标志海外保护实践

■ 要求：熟悉＊＊＊

1）中国地理标志在海外的保护现状并不理想，仍存在着许多地理标志侵权的现象，严重影响了许多中国企业以及该地理标志所在地区的经济发展情况。

2）近年来，我国对地理标志的保护开始给予足够的重视。2019年11月6日，在中国国家主席习近平和法国总统马克龙的共同见证下，中欧代表签署联合声明，宣布中欧地理标志保护与合作协定谈判结束。《中欧地理标志协定》是中国对外商签的第一个全面的、高水平的地理标志双边协定，充分显示了中国政府继续深化改革、扩大开放和保护知识产权的坚定决心。

知识点二十　世界贸易组织地理标志保护机制

■ 要求：了解＊

1）世界贸易组织《与贸易有关的知识产权协定》（《TRIPs协定》）首次将知识产权规则纳入多边贸易体系，是当今国际社会最具影响力的多边知识产权协定。《TRIPs协定》共7部分，设置了73条，知识产权的类型具体包括版权与邻接权、商标、地理标志、工业设计、专利、集成电路布图设计和未披露的信息。协定第一次提出了地理标志的定义，并建立了地理标志保护的国际标准，协定建立了第一个全球性的地理标志保护体系。

2）《TRIPs协定》第22条第1款定义了地理标志的含义："地理标志（Geographical Indications），是指识别一货物来源于一成员领土或该领土内一地区或地方的标志，该货物的特定质量、声誉或其他特性主要归因于其地理来源。"

3）2001年，中国政府在《中国加入工作组报告书》第5章中表示，"国家工商行政管理局和中华人民共和国国家质量监督检验检疫总局的有关规章对地理标识，包括原产地名称，提供了部分保护"。

4）中国立法与《TRIPs协定》（第22、23和24条）所规定的义务相一致。

知识点二十一　世界主要国家和地区的地理标志保护制度

■ 要求：了解 *

1. 专门立法保护

地理标志由于其独特的自然属性和特征性质，世界上许多国家在确定对地理标志保护模式的时候往往会结合自身的地理环境、经济水平、历史因素、法律制度等，制定最符合自身国情的有关地理标志保护的专门法律，来对地理标志进行全面和系统的保护。最具代表性的就是法国在 1919 年颁布的《原产地标志保护法》，它最先确立了原产地命名制度。

2. 商标法保护

这是一种绝大多数国家普遍采用的保护方式，将地理标志作为一种特殊的商标在商标法中进行保护，比较具有代表性的国家有英国、美国、澳大利亚等。这种保护方式有两个优点：一是能够充分利用行政权力介入商标侵权等私权纠纷，可以更好地来解决矛盾；二是由于民众对商标的熟悉程度较高，因此也将更容易接受地理标志。

3. 反不正当竞争法保护

地理标志产品的假冒、仿冒行为在市场上一经扩散与蔓延，严重破坏了公平竞争的市场秩序，这种假冒、仿冒的行为就构成了不正当竞争的表现形式，因此很多国家将地理标志的保护纳入反不正当竞争法的框架之内。

第十章 商业秘密
CHAPTER 10

一、基本内容框架

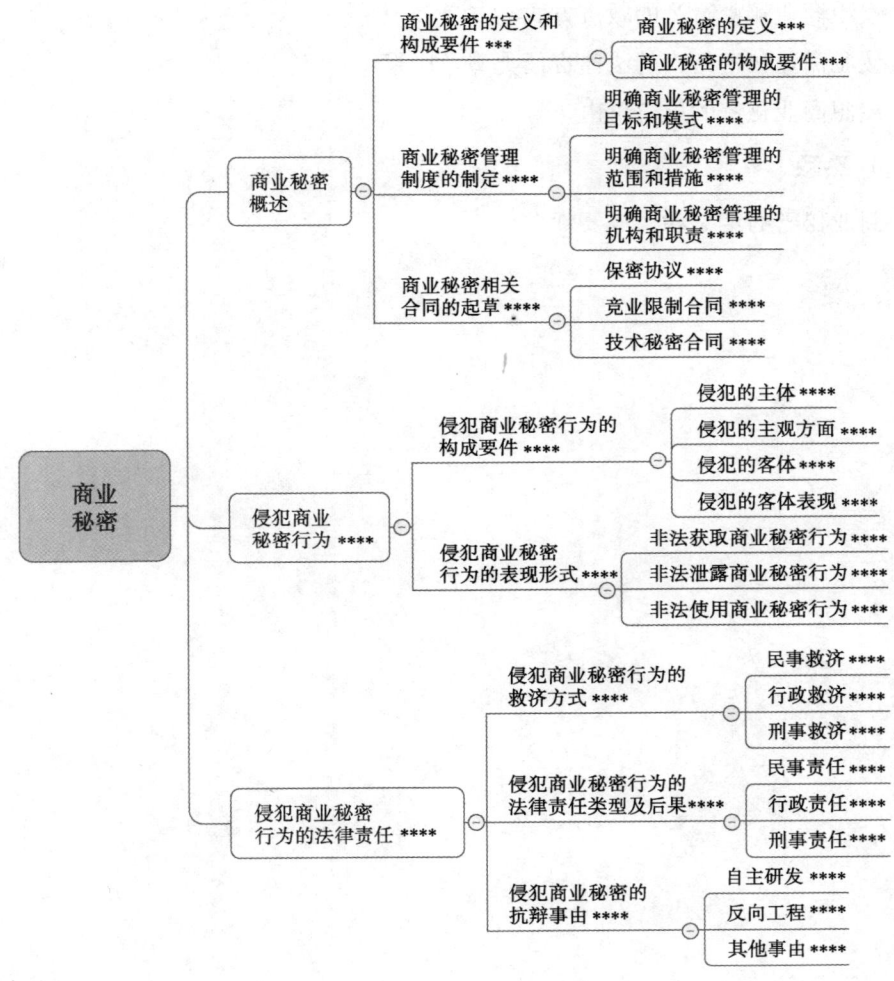

二、主要知识点

（一）掌握＊＊＊＊

1. 商业秘密管理制度的制定
2. 商业秘密相关合同的起草
3. 侵犯商业秘密行为的构成要件
4. 侵犯商业秘密行为的表现形式
5. 侵犯商业秘密行为的救济方式
6. 侵犯商业秘密行为的法律责任类型及后果
7. 侵犯商业秘密的抗辩事由

（二）熟悉＊＊＊

8. 商业秘密的定义和构成要件

第十章 商业秘密

三、知识点解析

知识点一　商业秘密的定义和构成要件

■ 要求：熟悉＊＊＊

商业秘密的定义		是指不为公众所知悉、具有商业价值并经权利人采取相应保密措施的技术信息、经营信息等商业信息
商业秘密的构成要件	秘密性	含义：又被称为"非公知性"，它是指商业秘密应当是非公开的、不为公众所知悉的信息
		判断：商业秘密的"秘密性"是"相对的"而不是"绝对的"
	价值性	含义：是指该信息具有确定的可应用性，能为权利人带来现实的或者潜在的经济利益或者竞争优势
		判断：商业秘密的"价值性"是指信息具有客观的商业价值，但不能以权利人"主观上认为有价值"来确定
	保密性	含义：是指权利人采取的与商业秘密信息相适应的合理的保密措施
		判断：采取保密措施不要求是绝对的、无懈可击的，只要是合理的、适当的即可

知识点二　商业秘密管理制度的制定

■ 要求：掌握＊＊＊＊

管理目标	防范法律风险、维护竞争优势
管理模式	商业秘密权利人应当根据自身的经营模式、企业战略、发展规划、研发重点、市场地位和竞争优势，制定和调整商业秘密管理模式
管理范围	确定商业秘密管理的范围，即界定商业秘密的外延。其目的是把存在于单位内部各部门、各流程和各环节中符合商业秘密构成要件的商业信息识别出来，形成"商业秘密管理清单"，从而为制定有针对性的商业秘密管理措施奠定基础
管理措施	（1）物理性措施 （2）规章性措施 （3）协议性措施 （4）文件管理

续表

管理机构		单位可以新建负责商业秘密管理的专门机构，也可以指定原有部门如法务部、知识产权部或者其他综合部门负责。小微企业或者商业秘密相对较少的企业，也可以不设部门而是指定专门人员来负责管理
管理职责		负责统一贯彻国家有关法律、法规和规章，落实上级保密机构、部门的工作要求，研究决定单位商业秘密管理工作的相关事项，如制定保密规章、制度以及保密协议等管理文件。此外，还要依法组织开展商业秘密保护教育培训、保密检查、保密技术防护和泄密事件查处等工作，当单位商业秘密被侵犯时，还要及时采取补救措施等

知识点三　商业秘密相关合同的起草

■ 要求：掌握＊＊＊＊

保密协议	概述	签订保密协议是商业秘密的重要管理措施，也是判断商业秘密权利人是否采取合理保密措施的重要因素。在商业实践中，通常采用的保密协议主要包括与单位职工订立的保密协议以及与外部主体订立的保密协议
	与单位职工订立保密协议	一般包括以下条款：①保密的主体；②保密信息的范围；③保密的期限；④当事人的权利义务；⑤违约责任；⑥争议解决的办法等
	与外部主体订立保密协议	一般包括以下条款：①与主交易合同的关系；②保密的具体内容与明细范围；③保密的期限；④保密的措施或方式；⑤当事人的权利义务；⑥违约责任；⑦争议解决的办法等
竞业限制合同	概述	有的用人单位与职工订立合同，要求后者在离职后一定期限内不得在生产同类产品、经营同类业务或有其他竞争关系的单位任职，也不得自己生产与原单位有竞争关系的同类产品或经营同类业务，这种合同被称为"竞业限制合同"
	起草要点	竞业限制的期限，最长不得超过2年。用人单位在和职工签订竞业限制合同时，应当将竞业限制的期限限定在职工与用人单位解除或者终止劳动合同后2年以内，否则，超出法定期限部分的竞业限制期限对职工没有拘束力，这也是为了避免对职工的择业自由造成不适当的限制
	主要条款	竞业限制合同中一般包括以下条款：①对有竞争关系的其他用人单位的描述；②竞业限制的范围；③竞业限制的地域；④竞业限制的期限；⑤经济补偿的标准与支付方式；⑥合同解除的条件；⑦违约责任；⑧争议解决的办法等

续表

技术秘密合同	概述	技术秘密合同是一类合同的统称，主要包括技术秘密开发合同、技术秘密转让合同和技术秘密许可合同
	起草要点	在技术秘密合同中，需要对作为合同标的的技术秘密成果尽可能准确、全面地予以描述。技术秘密合同中对履行内容的约定，一般应根据技术秘密合同的类型来确定。保密条款是技术秘密合同中特别重要的约定内容。此外，在技术秘密合同中还应该明确约定技术秘密成果的权益安排
	主要条款	技术合同的内容由当事人约定，一般包括以下条款：①项目名称；②标的的内容、范围和要求；③履行的计划、进度、期限、地点、地域和方式；④技术情报和资料的保密；⑤风险责任的承担；⑥技术成果的归属和收益的分成办法；⑦验收标准和方法；⑧价款、报酬或者使用费及其支付方式；⑨违约金或者损失赔偿的计算方法；⑩解决争议的方法；⑪名词和术语的解释。与履行合同有关的技术背景资料、可行性论证和技术评价报告、项目任务书和计划书、技术标准、技术规范、原始设计和工艺文件，以及其他技术文档，按照当事人的约定可以作为合同的组成部分

知识点四　侵犯商业秘密行为的构成要件

■ 要求：掌握＊＊＊＊

主体	含义	侵犯商业秘密的主体是指侵犯商业秘密的行为人
	判断	经营者和非经营者
主观方面	含义	侵犯商业秘密的主观方面是指行为人实施侵犯商业秘密行为时的主观心理状态
	判断	主观心理状态体现为故意或者过失
客体	含义	侵犯商业秘密的客体是指商业秘密所有人对其商业秘密所享有的财产利益以及与此相关的商业自由和诚实商业习惯
客观表现	含义	侵犯商业秘密的客观表现是指行为人违反法律规定，以不正当手段侵犯他人商业秘密的行为
	判断	界定商业秘密本身以及不正当手段，并排除合法行为

知识点五　侵犯商业秘密行为的表现形式

■ 要求：掌握＊＊＊＊

非法获取	非法获取商业秘密的行为具体包括：①以盗窃、贿赂、欺诈、胁迫、电子侵入或者其他不正当手段获取他人的商业秘密；②教唆、引诱、帮助他人违反保密义务或者违反权利人有关保守商业秘密的要求，非法获取他人的商业秘密；③第三人明知或者应知商业秘密是以不正当手段获取的，仍然获取该商业秘密
非法泄露	非法泄露商业秘密的行为具体包括：①以盗窃、贿赂、欺诈、胁迫、电子侵入或者其他不正当手段获取他人商业秘密的行为人将该商业秘密非法泄露给他人；②从合法途径获取商业秘密的行为人，违反保密义务或者违反权利人有关保守商业秘密的要求，将该商业秘密非法披露给他人；③第三人明知或者应知其所掌握的商业秘密是以不正当手段获取的，仍然将该商业秘密披露给他人
非法使用	非法使用商业秘密的行为具体包括：①以不正当手段获取商业秘密的行为人自己使用或者允许他人使用该商业秘密；②从合法途径获取商业秘密的行为人，违反保密义务或者违反权利人有关保守商业秘密的要求，擅自使用或者允许他人使用该商业秘密；③第三人明知或者应知其所掌握的商业秘密是以不正当手段获取的，仍然使用该商业秘密

知识点六　侵犯商业秘密行为的救济方式

■ 要求：掌握＊＊＊＊

民事救济	含义	指商业秘密权利人的利益受到侵害后，为了弥补其所遭受的利益损失而采取的民事补救措施
	内容	民事救济以反不正当竞争法的保护为主，通过制止侵权行为、追究损害赔偿责任等方式来保护商业秘密权利人的利益
行政救济	含义	行政救济是以国家公权力制止侵犯商业秘密的行为，具有高效、便捷、成本低等特点
	内容	包括行政检查、行政处罚、采取行政强制措施等方式
刑事救济	含义	依法追究侵犯商业秘密行为人的刑事责任
	内容	商业秘密的刑事救济途径包括公诉和自诉

知识点七　侵犯商业秘密的法律责任类型及后果

■ 要求：掌握＊＊＊＊

民事责任	含义	是指由于侵犯商业秘密的行为人实施了民事违法行为所应承担的不利法律后果
	形式	主要包括停止侵害和损害赔偿
行政责任	含义	是指由于侵犯商业秘密的行为人违反了行政法律规定而应承担的法律责任
	形式	主要包括责令停止侵权、没收违法所得、罚款等
刑事责任	含义	是指侵犯商业秘密的行为人触犯了刑事法律而应当承担的法律后果
	形式	给商业秘密的权利人造成损失数额在50万元以上的，属于"给权利人造成重大损失"，应当以侵犯商业秘密罪判处3年以下有期徒刑或者拘役，并处或者单处罚金。给商业秘密的权利人造成损失数额在250万元以上的，属于《刑法》第219条规定的"造成特别严重后果"，应当以侵犯商业秘密罪判处3年以上7年以下有期徒刑，并处罚金

知识点八　侵犯商业秘密的抗辩事由

■ 要求：掌握＊＊＊＊

自主研发	含义	是指开发者通过自身的投资和辛劳而开发研制出的智力成果
	认定	认定自主研发通常要考虑以下因素：①自主研发信息所形成的文件资料，如设计草图、研发资料以及研发人员的证人证言等；②证明自主研发成功的时间早于其接触到商业秘密的时间
反向工程	含义	是指第三人以合法技术手段取得载有商业秘密的产品，对其进行拆解、检验、分析，从而还原出商业秘密中的技术信息
	认定	①作为技术还原基础的产品或服务，是通过合法方式取得的；②从事反向工程的技术人员与商业秘密权利人之间没有订立禁止反向工程的合同
其他事由	从合法途径取得使用权	
	因权利人自身原因而获悉后使用	
	因公共利益限制而有权使用	

第十一章 CHAPTER 11
集成电路布图设计、植物新品种及遗传资源等

一、基本内容框架

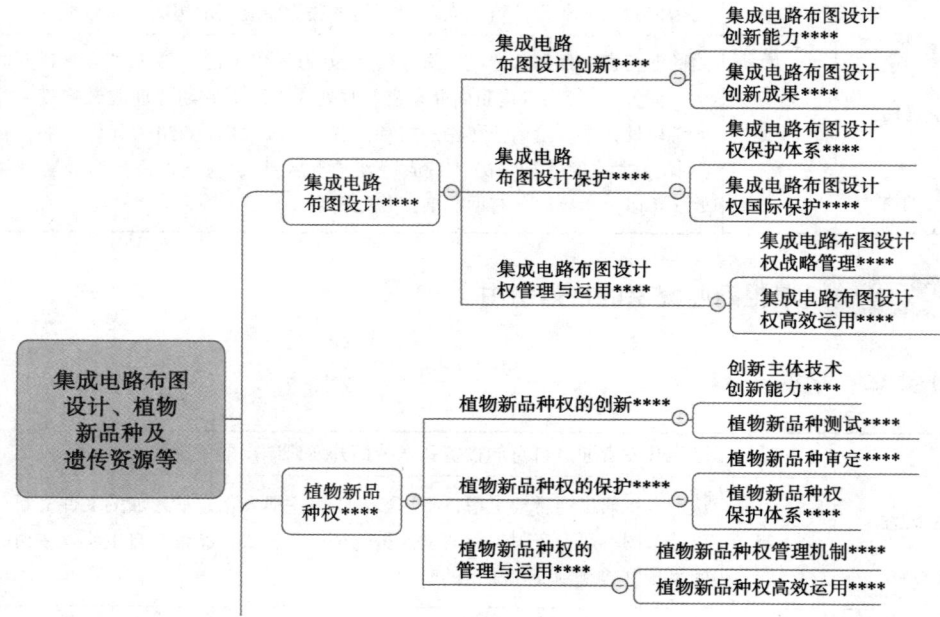

第十一章 集成电路布图设计、植物新品种及遗传资源等

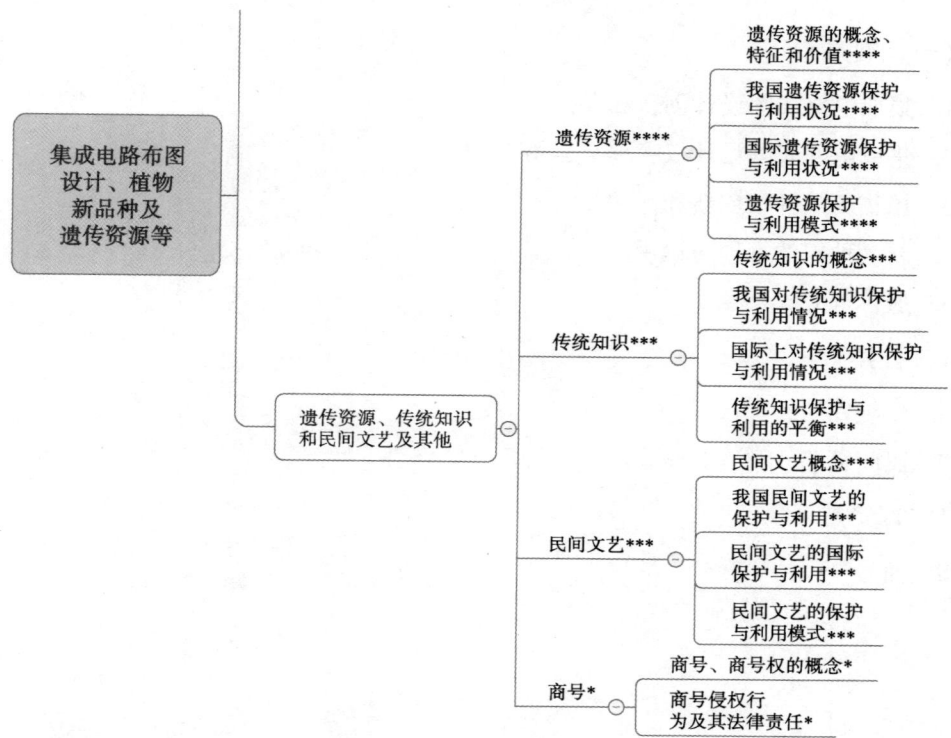

二、主要知识点

（一）掌握＊＊＊＊

1. 集成电路布图设计创新和保护
2. 集成电路布图设计权管理与运用
3. 植物新品种权创新和保护
4. 新品种权的管理与运用
5. 遗传资源

（二）熟悉＊＊＊

6. 传统知识
7. 民间文艺

（三）了解＊

8. 商号

三、知识点解析

知识点一　集成电路布图设计创新

■ 要求：掌握＊＊＊＊

模块名称	详细内容
集成电路企业创新能力建设	国家着力发展集成电路设计业，行业要引导集成电路企业在"芯片设计—芯片制造—封装测试—装备与材料"全产业链布局，构建"芯片—软件—整机—系统—信息服务"生态链。推动形成集成电路产业链、生态链上下游企业协同创新体系。鼓励有条件的集成电路企业联合科研院所、高校开展竞争前共性关键技术研发
布图设计高质量创造目标	我国集成电路布图设计专有权数量逐年增加，同时要注重集成电路布图设计质量提升，才能高效地参与国际竞争
布图设计审查质量和审查效率	对布图设计登记申请表、布图设计复制件或者图样及其目录、集成电路样品、代理事项及其他文件等审查，同时缩短审查周期，并提升审查质量
布图设计专有权归属与利益分配	除另有约定外，承担国家、单位项目获得的集成电路布图设计专有权由承担任务的单位享有。单位可根据国家有关规定赋予科研人员科技成果所有权或长期使用权；单位与科研人员进行科技成果所有权分割的，要明确各自承担的费用与获得的收益分配

知识点二　集成电路布图设计保护

■ 要求：掌握＊＊＊＊

集成电路布图设计保护即集成电路布图设计专有权。专有权的保护客体应是布图设计，为制作半导体集成电路而设计的元件和线路的三维配置。

模块名称	详细内容
完善严格保护制度	（1）确立集成电路布图设计严保护政策导向和法律规制。2001年制定《集成电路布图设计保护条例》及其《集成电路布图设计保护条例实施细则》。 （2）加大侵权假冒行为惩戒力度。强化民事司法保护，引入侵权惩罚性赔偿制度，加大损害赔偿力度。 （3）严格规范证据标准。制定完善行政执法过程中的集成电路布图设计侵权判断标准。规范司法、行政执法、仲裁、调解等不同渠道的证据标准。使行政执法和刑事司法顺利衔接

续表

模块名称	详细内容
构建大保护工作格局	(1) 建立健全社会共治模式的大保护工作格局。完善集成电路布图设计仲裁、调解、公证工作机制。鼓励集成电路行业协会建立保护自律和信息沟通机制。 (2) 加强专业技术支撑。在集成电路布图设计行政执法案件处理和司法活动中引入技术调查官制度
突破专有权快保护关键环节	(1) 优化授权确权维权衔接程序。健全行政确权、公证存证、仲裁、调解、行政执法、司法保护之间的衔接机制。 (2) 建立重点关注市场名录,针对电商平台、展会、专业市场、进出口等关键领域和环节构建行政执法、仲裁、调解等快速处理渠道。 (3) 加强集成电路布图设计专有权快保护机构建设。在各地布局建设一批知识产权保护中心,建立集成电路布图设计专有权案件快速受理和科学分流机制,提供快速审查、快速确权、快速维权"一站式"纠纷解决方案。加快重点技术领域集成电路布图设计专有权审查授权、确权和维权程序
塑造专有权同保护优越环境	(1) 共享集成电路布图设计审查结果。 (2) 加强海外维权援助服务。完善海外集成电路布图设计专有权纠纷预警防范机制,加强重大案件跟踪研究,建立国外集成电路布图设计专有权法律法规修改变化动态跟踪机制。开展海外集成电路布图设计专有权纠纷应对指导,构建海外纠纷协调解决机制。建立海外维权专家顾问机制

知识点三 集成电路布图设计专有权管理

■ 要求：掌握 ＊ ＊ ＊ ＊

模块名称	详细内容
专有权管理和制度建设	配备专有权专职管理人员,完善知识产权管理制度,推动集成电路布图设计专有权与专利、技术秘密等集中管理
专有权的分级管理	(1) 综合技术、法律、市场等因素,制定符合行业特点的专有权质量评价办法和评价标准。 (2) 根据对主营业务影响程度,对集成电路布图设计专有权进行分级管理并动态调整。 (3) 定期梳理存量专有权,及时合规处置低价值专有权
专有权管理信息化建设	(1) 搭建信息化管理平台,跟踪研发人员的设计成果进度,快捷统计数据,为设计人员提供查询通道,实现专有权申请、变更、使用和保护管理等业务流程化和规范化。 (2) 建立专业数据库,便于创作出具有独创性的布图设计;加大信息集成力度,提高综合研判能力。 (3) 建立专有权竞争情报分析和信息共享机制,支撑经营决策、集成电路技术研发和市场开拓

知识点四 集成电路布图设计专有权运用

■ 要求：掌握＊＊＊＊

专有权的有效利用方式

模块名称	详细内容
专有权转让	专有权人在有效期内，通过订立合同方式，将其集成电路布图设计复制权或商业利用权让予他人。专有权发生转移的，当事人应当凭有关证明文件或者法律文书向国家知识产权局办理著录项目变更手续
专有权许可	(1) 独占实施许可，是指许可人在约定许可实施布图设计的范围内，将该布图设计仅许可给被许可人实施，许可人依约定不得实施该布图设计。 (2) 排他实施许可，是指许可人在约定许可实施布图设计的范围内，将该布图设计仅许可给被许可人实施，但许可人依约定可以自行实施该布图设计。 (3) 普通实施许可，是指许可人在约定许可实施布图设计的范围内许可他人实施该布图设计，并且可以自行实施该布图设计。当事人对布图设计实施许可类型没有约定或者约定不明确的，推定为普通实施许可
专有权质押	(1) 推动风险补偿、补贴贴息等各类质押融资扶持政策向集成电路创新主体企业倾斜，降低融资成本。 (2) 借鉴专利质押融资形成的模式，探索银行、保险、担保、基金等多方参与的专有权质押融资风险分担机制，分担融资风险。 (3) 积极搭建银企对接平台，畅通融资渠道。 质押应订立书面合同。专有权质押合同可以是单独订立的合同，也可以是主合同中的担保条款。订立合同后，应共同向国家知识产权局办理布图设计专有权质押登记手续
专有权其他运用方式	通过知识产权金融方式运用： (1) 在确定价值评估的基础上，通过对专有权作价入股等方式，推进高校、科研院所的技术成果、科研人才等要素向集成电路企业流动。 (2) 探索专有权保险、拍卖等方式扩大运用的范围。 (3) 探索以专有权与专利、商标等知识产权组合作为基础资产，实施知识产权证券化，以知识产权的未来预期收益为支撑，发行可以在市场上流通的证券进行融资

知识点五　植物新品种权创新

■ 要求：掌握＊＊＊＊

模块名称	详细内容
选育创新	（1）确定培育的植物新品种将具备哪些优良特性。 （2）根据育种目标进行种质资源的收集与发掘和技术分析。 （3）采用杂交、诱变等创造新变异，对变异类型采取合理正确的处理、选择、鉴定和评比，把适合育种目标的个体通过适当的技术手段如固定保留下来，育成新品种。 （4）育成的新品种在推向生产前还必须经过品种审定机构的审定
新品种测试	对植物新品种特异性、一致性和稳定性的测试（简称 DUS 测试）是申请品种授权前进行实质审查的重要步骤。测试结果是通过观测申请品种与近似品种的有关性状的表达状态，并进行有关测试数据分析和比较，得出评价。 （1）我国目前已建成包括 1 个 DUS 测试中心、27 个 DUS 测试分中心、3 个 DUS 专业测试站的测试体系。但由于我国的 DUS 测试体系在先进设施设备及机械化、智能化工具的应用上基本还处于空白状态，大量测试工作依赖人工。未来的测试体系建设要对标国际先进水平。 （2）制定规范化和标准化的测试指南及流程，形成更多的农业行业标准，保证植物新品种测试的科学性和准确性
创新成果转化为新品种权	我国 1997 年 10 月 1 日开始实施《中华人民共和国植物新品种保护条例》，保护育种创新成果，推动育种创新成果转化为植物新品种权
新品种权的权利归属	（1）职务育种：执行本单位的任务或者主要是利用本单位的物质条件所完成的职务育种，植物新品种的申请权属于该单位。申请被批准后，品种权属于该单位。 （2）非职务育种，植物新品种的申请权属于完成育种的个人。申请被批准后，品种权属于申请人。 （3）委托育种，以合同方式委托他人完成的育种。 （4）合作育种是指两人或两人以上共同完成的育种。 委托育种或者合作育种，品种权的归属由当事人在合同中约定；没有合同约定的，品种权属于受委托完成或者共同完成育种的单位或者个人

知识点六　植物新品种权保护

■ 要求：掌握＊＊＊＊

模块名称	详细内容
完善植物新品种权法规制度	1999年4月23日我国正式加入"国际植物新品种保护联盟"，1997年10月1日起施行《植物新品种保护条例》，随后出台实施细则、司法解释、行政规章等，累计发布11批农业植物新品种保护名录，保护植物属（种）191个；2015年修订《种子法》，将植物新品种保护内容单列"第四章　新品种保护"。 (1) 加快推动《植物新品种保护条例》和相关制度修订进程。 (2) 植物新品种行政管理部门要开展重点作物重点品种维权试点，加强与司法部门维权合作。 (3) 确定知识产权（植物新品种权）领域严重失信行为
建设植物新品种保护的技术支撑体系	发布了测试指南标准250多项。设立了繁殖材料保藏中心，在全国主要生态区建立1个植物新品种测试中心、27个测试分中心和3个专业测试站。定期开展测试技术培训，成立了中国种子协会植物新品种保护专业委员会等行业组织。 (1) 建立和完善种质资源库数据库。为亲本组配、创造产生变异类型打下基础。 (2) 完善植物新品种权数据库。实现品种权申请、审查、测试、授权和信息披露的数字化。 (3) 完善植物新品种在线申报系统。 (4) 建立网格化的植物新品种测试中心。强化DUS测试质量控制和自主测试的技术指导，探索第三方DUS测试。 (5) 设置植物新品种保护受理办事处。在部分条件成熟的省市设立植物新品种保护受理办事处，提供受理、初审、咨询等服务
加强行政维权执法，营造良好的种业营商环境	(1) 加强植物新品种复审，农业、林业植物新品种复审委员会负责审理复审请求，负责审理无效宣告和品种更名请求，依据职权宣告品种权无效，以及对授权品种予以更名。 (2) 实施行政执法。林业和草原行政主管部门对假冒授权品种的，销售授权品种未使用其注册登记的名称等侵犯林业植物新品种权行为实施行政执法，县级以上农业农村行政主管部门均设立了植物新品种保护行政执法机构，并与司法部门有效衔接。 (3) 维权打假、品种权执法专项行动
加强国际合作交流	(1) 对"澜湄国家"和中亚五国进行植物新品种保护国际培训，帮助"一带一路"沿线国家研究和建立植物新品种保护制度。 (2) 对国内外种子企业育种者植物新品种实行同保护。 (3) 中国企业"走出去"也应享受所在国家植物新品种权的同等保护待遇

续表

制定植物新品种保护预警应急机制	（1）新品种及品种权信息的检索和采集机制。 （2）新品种权数据分析机制。提供新品种权预警分析报告。 （3）新品种权预警信息发布。使企业随时掌握国际上新品种技术发展状况和植物新品种权保护动态。 （4）新品种权预警应对机制。制定应对对策。 （5）新品种权预警信息反馈。进行后续跟踪，并对预警分析意见进一步修正

知识点七　植物新品种权管理

■ 要求：掌握＊＊＊＊

国家植物新品种权管理体系由审批机关、复审机构和执法机构三部分组成。

1. 审批机关

农业农村部、国家林业和草原局（以下统称审批机关）按照职责分工共同负责植物新品种权申请的受理和审查，并对符合《植物新品种保护条例》规定的植物新品种授予植物新品种权（以下称品种权）。审批机关也分别由农业农村部和国家林业和草原局组成。

2. 复审机构

审批机关设立植物新品种复审委员会，负责审理驳回品种权申请的复审案件、品种权无效宣告案件等。对审批机关驳回品种权申请的决定不服的，申请人可以自收到通知之日起3个月内，向植物新品种复审委员会请求复审。植物新品种复审委员会应当自收到复审请求书之日起6个月内作出决定，并通知申请人，涉及技术鉴定的时间不计入审查时限。

3. 执法机构

1）省级以上人民政府农业农村行政主管部门、林业和草原行政主管部门对植物新品种侵权的行政处理。根据当事人自愿的原则，对侵权所造成的损害赔偿可以进行调解。调解达成协议的，当事人应当履行；调解未达成协议的，品种权人或者利害关系人可以依照民事诉讼程序向人民法院提起诉讼。可以责令侵权人停止侵权行为，没收违法所得和植物品种繁殖材料；货值金额5万元以上的，可处货值金额1倍以上5倍以下的罚款；没有货值金额或者货值金额5万元以下的，根据情节轻重，可处25万元以下的罚款。

2) 县级以上人民政府农业农村行政主管部门、林业和草原行政主管部门对假冒授权品种的行政处理。责令停止假冒行为，没收违法所得和植物品种繁殖材料；货值金额 5 万元以上的，处货值金额 1 倍以上 5 倍以下的罚款；没有货值金额或者货值金额 5 万元以下的，根据情节轻重，处 25 万元以下的罚款。

3) 由县、省级以上人民政府农业农村行政主管部门、林业和草原行政主管部门和对品种权侵权和假冒授权品种案件的行政查处。查处品种权侵权案件和查处假冒授权品种案件，根据需要，可以封存或者扣押与案件有关的植物品种的繁殖材料，查阅、复制或者封存与案件有关的合同、账册及有关文件。

4) 县级以上人民政府农业农村行政主管部门、林业和草原行政主管部门对未使用其注册登记名称的行政处理。责令限期改正，可以处 1000 元以下的罚款。

企业植物新品种权管理体系

模块名称	详细内容
植物新品种权机构和制度建设	企业要明确植物新品种权管理归口部门，配备与植物新品种业务规模相适应、满足工作实际需要的专职管理人员。完善植物新品种权管理制度
植物新品种权分级管理	综合技术、法律、市场等因素，制定植物新品种权质量评价办法。对植物新品种权进行分级管理并动态调整
植物新品种权管理信息化水平	搭建信息化管理平台，实现植物新品种权业务流程化和规范化。建立专业化数据库，建立竞争情报分析和信息共享机制

知识点八　植物新品种权运用

■ 要求：掌握＊＊＊＊

模块名称	详细内容
品种权人自己转化实施	品种权人对自己获得的授权品种享有生产、销售授权品种繁殖材料和重复使用该授权品种繁殖材料生产另一种繁殖材料的权利
许可实施植物新品种权	品种权人主要是通过签订实施许可合同等办法，允许他人有条件地为商业目的生产、销售和使用其授权品种的繁殖材料。被许可人只有在合同所规定范围内生产、销售或利用其授权品种的繁殖材料的权利，并应按合同履行相应义务
转让实施植物新品种权	转让申请权或者品种权的，当事人应当订立书面合同，并向审批机关登记，由审批机关予以公告。中国的单位或者个人就其在国内培育的植物新品种向外国人转让申请权或者品种权的，应当经审批机关批准
植物新品种权质押融资	新品种权质押融资可以列入农村普惠金融改革试点，研究扩大知识产权质押物范围

续表

植物新品种权其他方式运用	1. 可以通过对植物新品种权作价入股等方式，推进技术成果、科研人才等要素向种子企业流动。 2. 探索植物新品种权保险、拍卖等方式扩大运用的范围。 3. 探索以植物新品种权与专利、商标等知识产权组合作为基础资产，实施知识产权证券化，以知识产权的未来预期收益为支撑，发行可以在市场上流通的证券进行融资

知识点九 遗传资源的概念、特征和价值

■ 要求：掌握＊＊＊＊

	内容
遗传资源的概念	取自人体、动物、植物或者微生物等含有遗传功能单位并具有实际或者潜在价值的材料，任何能在生物间进行传递的遗传信息的载体为遗传功能单位
遗传资源的特征	1. 复合性。遗传资源是无形信息和有形载体的统一体。有形载体是指具有物理表现形式的物质材料，如植物、动物、微生物等；无形信息是指其有形载体所承载的遗传信息。遗传信息可以脱离其有形载体而继续存在，当遗传信息同筛选、研究、开发等活动相结合时，可以成为新产品的来源。 2. 分布不均衡性。表现在"时空"差异上，即遗传资源往往是在特定时期内存在于特定地域内。遗传资源的地理分布受到地理环境、气候条件等因素的制约，因而在不同的地域内遗传资源的分布往往呈现出较大的差异。世界上最高比例的遗传资源为热带和亚热带地区的少数国家所拥有。 3. 不可再生性。遗传资源所承载的无形信息是可以再复制的，但无形信息依托的有形载体一旦灭绝，其所承载的无形信息也就随之灭失。在自然环境中原本大量存在的生物物种一旦灭绝，便不能再生
遗传资源的价值	1. 生态价值，对于延续生物多样性的完整性和持续性具有重要意义。 2. 经济价值，为人类提供了供养人类的丰富食物、医疗资源与工业原料。 3. 精神价值，由遗传资源构成的生态系统，是人类借以娱乐、回归本身的"精神"家园

知识点十 我国遗传资源保护与利用状况

■ 要求：掌握＊＊＊＊

1）我国遗传资源的生物多样性具有下列特点：物种高度丰富；特有属种多；区系起源古老；栽培植物、家养动物及其野生亲缘的种质资源异常丰富；生态系统丰富多彩；空间格局繁复多样。

2）我国关于遗传资源的立法可以概括为以宪法为指导，以相关法律法规为主体，以国际条约为补充的分散式立法。

我国遗传资源保护的立法体系

位阶	名称	条目	内容
宪法	《中华人民共和国宪法》	第9条、第26条	确立了保护自然资源的立法指引
法律	《中华人民共和国专利法》（2008年修正）	第5条、第26条	对依赖遗传资源完成的发明创造作了规定
	《中华人民共和国野生动物保护法》（2018年修正）	第17条	对野生动物遗传资源的利用和保护作了规定
	《中华人民共和国畜牧法》（2015年修正）	第2章	对畜禽遗传资源的保护、管理和利用作了规定
	《中华人民共和国种子法》（2015年修订）	第8条、第9条、第10条、第11条	对种质资源的保护、管理和利用作了规定
	《中华人民共和国渔业法》（2013年修正）	第29条	对水产种质资源及其生存环境的保护作了规定
	《中华人民共和国科学技术进步法》（2007修订）	第28条	规定了珍贵、稀有、濒危的生物种质资源、遗传资源等科学技术资源出境管理制度
行政法规	《中华人民共和国人类遗传资源管理条例》	全文	对人类遗传资源的采集、保藏、利用与对外提供作了详细规定
	《中华人民共和国专利法实施细则》（2010年修订）	第26条、第109条	对遗传资源的定义、依赖遗传资源完成的发明创造的专利申请作了规定
	《中华人民共和国野生植物保护条例》（2017年修订）	第3条、第5条、第9条、第10条、第15条、第16条、第17条、第21条	对野生动物资源的保护、发展和利用进行了规定
	《中华人民共和国植物新品种保护条例》（2014年修订）	全文	对植物新品种的保护进行了规定

遗传资源的保护方面，存在诸多不足：

1）我国有关遗传资源的法律框架中，对人类、禽畜、水产、农作物、野生动植物等遗传资源分别进行了立法规定，对这些课题的分类规定并不能穷尽所有的动物、植物，且这些立法规定并不涵盖微生物遗传资源的保护问题，因此不可避免地存在着立法空白。

2) 我国对遗传资源的保护采取的是"分部门分级别的监督管理体制",不同遗传资源的监督管理由不同的部门负责。不同部门之间难免出现职能重叠、沟通不畅、执行不力的问题,进而导致重复保护和遗漏保护等问题,影响遗传资源的保护效率。

3) 对人类遗传资源与农作物种质遗传资源收集、存储与利用进行了较为详细的规定,但对其他种类的遗传资源的规定过于简单,可执行性不强,保护力度不足。

遗传资源的利用,即遗传资源的获取与惠益共享的问题。遗传资源的获取即在不占有的前提下获取并利用遗传资源,遗传资源的获取可以分为原始获取与嗣后取得两种方式。遗传资源的惠益共享即不同主体之间公平合理、共同分享利用遗传资源所产生的货币性与非货币性回报,这不仅涉及一国境内的不同主体之间的惠益共享,而且涉及不同国家之间的惠益共享。

知识点十一 国际遗传资源保护与利用状况

■ 要求:掌握 * * * *

1. 《生物多样性公约》(CBD)

《生物多样性公约》是在联合国环境规划署的主持下,经政府间谈判而达成的具有法律约束力的多边环境协定。我国于 1992 年加入该公约,随着第 30 个国家的批准,该公约于 1993 年正式生效。《生物多样性公约》旨在保护生物多样性、持久使用其组成部分以及公平合理分享由利用遗传资源而产生的惠益。

公约确立的基本原则与基本类型。其一,公平原则。遗传资源的提供国应能够充分参与遗传资源的研究开发并分享相关技术资料及因研究成果所产生的收益。其二,(发展中国家)优先原则。发展中国家,在公平的基础上优先取得基于其提供资源的生物技术所产生的成果和惠益。其三,共同商定原则。由于遗传资源的提供者以发展中国家居多,而利用者以发达国家居多,双方之间的地位不平等将会实质上破坏惠益分享公平原则,需要各国特别是发展中国家采取针对政策加以应对。

2. 《粮食和农业植物遗传资源国际条约》(ITPGRFA)

该条约是由联合国粮食和农业组织(FAO)制定并于 2001 年通过的国际法律文件。它旨在建立一个全球系统,为农民、植物育种者和科学家获取植物遗传资源材料,确保受助人相互分享他们从使用这些来自原产国的遗传资源材料的获益。该条约由正文 7 个部分共 35 条组成,另外还有两个附件。根据联合国粮食及农业组织对该条约的介绍,该条约的主要条款包括"多边系统""获取和利益分享""农民权"与"可持续利用"。

知识点十二 遗传资源保护与利用模式

■ 要求：掌握＊＊＊＊

遗传资源保护与利用的立法规制，源自不同主体之间在遗传资源的客体上所产生的利益冲突，因而需要借助法律之力来定纷止争。主要有合同模式、知识产权模式与专门立法模式。

1. 合同模式

遗传资源的持有人与使用人可以就遗传资源的获取与惠益分享订立合同。合同模式的弊端是显而易见的。

首先，合同模式回避了有关遗传资源的财产权化问题。《生物多样性公约》确认遗传资源获取的主权原则，即遗传资源的所有权归谁所有，由各国自行规定。在遗传资源归国家所有的情况下，私人之间并不能就遗传资源的获取与惠益共享进行处分。

其次，合同只具有相对性，虽然合同可以约束双方当事人，但无法约束当事人之外的第三人。

最后，以意思自治为前提的合同模式要在双方之间达成一个公平合理的协议，需要当事人之间的谈判能力接近或相当。

2. 知识产权模式

首先，知识产权保护针对的是"智力创造成果"，而遗传资源的有形载体与无形信息是在环境中自然存在着，并不涉及人类的体力劳动或者智力劳动，因此，无法将自然的天然产物与人类的智力创造相等同。

其次，从知识产权类型化的对象来说，遗传资源与著作权的独创性、商标权显著性之间的联系甚远，专利保护的是利用遗传资源完成的发明创造，专利权的新颖性、实用性等要求实际上将绝大部分的遗传资源排除在保护范围外了。

最后，植物新品种与遗传资源最为接近，但是遗传资源与植物新品种在内涵与外延上均存在差异。

以上分析表明，遗传资源与其他类型的知识产权客体之间存在较大差异，因此不可轻率地将知识产权保护模式适用于遗传资源。

3. 专门立法模式

专门立法模式的好处在于其可以针对本国遗传资源的现实状况与遗传资源产业发

展需求进行针对性规定，如设立遗传资源的主管机关、明确规定共同商定条件、事先知情同意制度与惠益共享制度，但是专门立法一般集中于对于遗传资源的有效管控，而忽视了本国对于遗传资源的开发和利用。

4. 我国的遗传资源保护的立法选择

我国遗传资源虽形成了为以宪法为指导、以相关法律法规为主体、以国际条约为补充的立法体系，但是这种分散式立法对于遗传资源的保护与利用浅尝辄止、力有不逮，因此需要加强遗传资源的专门性立法。

知识点十三　传统知识的概念

■ 要求：熟悉＊＊＊

广义上的传统知识几乎涵盖了所有的知识产权对象，但是需要加以"基于传统"的限制；狭义的传统知识一般仅指基于传统的技术类知识。

1. 传统知识与本土知识

传统知识可以来源于本土知识，本土知识可以作为传统知识的一部分。本土知识也可以用来指本身是"土著"的知识，在这方面，本土知识与传统知识同义。当然，上述讨论是在广义上使用"传统知识"一词的。

2. 知识与非物质文化遗产

首先，非物质文化遗产主要涉及与传统文化相关的对象，而广义上的传统知识则包括了文化类、技术类（狭义的传统知识）与标记类的对象。其次，传统知识所涉及的对象主要是抽象性的知识，而并不涵盖实体性的工具、实物、手工艺品和文化场所。因此，广义上的传统知识与非物质文化遗产可以说是交叉关系，而狭义的传统知识与非物质文化遗产可以理解为是并列关系。

知识点十四　我国对传统知识的保护与利用情况

■ 要求：熟悉＊＊＊

我国对于传统知识保护和利用的法律规定：一类是有关传统知识的专门立法；另一类是传统知识的非专门立法。

专门立法包括技术类传统知识（狭义上的传统知识），还包括遗传资源、民间文艺等。狭义的传统知识的立法主要有《中华人民共和国中医药法》。

非专门立法，传统知识可以在既有的知识产权法律框架之下获得保护。在满足知识产权法的客体要求的前提下，传统知识的持有人可以获得民事权利保护。知识产权的民事权利性与传统知识的社会性很难兼容，因此，借用知识产权法律框架对传统知识的保护与利用进行规制难免力所不逮。

知识点十五　国际上对传统知识的保护与利用情况

■ 要求：熟悉＊＊＊

世界知识产权组织（WIPO）是目前对传统知识保护与利用进行探索的最主要的国际组织。由于各国在传统知识等问题上的分歧，至今没有形成一部统一的国际法律文书。但是也取得了一些重要成果，如《知识产权与遗传资源、传统知识和传统文化表现形式重要词语汇编》等。

联合国教育、科学及文化组织（UNESCO）成立于1945年，其致力于推动各国在教育、科学和文化领域开展国际合作，更多地关注与传统知识有关的人权问题，将传统知识视为土著居民与社区的一项基本权利，并在此前提下探索传统知识的保护问题。2003年UNESCO在第32届大会上通过的《保护非物质文化遗产公约》可以说是传统知识保护的国际法律文件。2005年UNESCO第33届大会上通过的《保护和促进文化表现形式多样性公约》，表明其对原住民传统知识在促进人类可持续发展方面的重要价值。

知识点十六　传统知识保护与利用的平衡

■ 要求：熟悉＊＊＊

与遗传资源是自然的产物不同，传统知识是原住民族、部落或地方社区在与环境的互动过程形成的"经验知识"，并由原住民族、部落与地方社区集体创作、传承与演绎的。由于在传统知识之上承载着传统知识持有人与传统知识利用者等不同主体的利益诉求，传统知识保护作为一项整体性活动，需要在促进传统知识可持续利用的前提下，对各方的利益作出恰当的平衡。

我国目前有关狭义的传统知识的保护存在诸多问题，面向传统知识的立法改革应始终把握在促进传统知识可持续利用的前提下，对各方的利益作出恰当平衡。

知识点十七　民间文艺概念

■ 要求：熟悉＊＊＊

民间文艺，即民间文学艺术，不同的国际组织、区域组织与国家界定的"民间文学艺术"的内涵与外延存在着较大的差异。

1976年世界知识产权组织与联合国教科文组织制定的《发展中国家突尼斯版权示范法》使用"folklore"一词指代"民间文学艺术"，并将其界定为"在某一国家领土范围内可认定由该国国民或者种族群落创作的、代代相传并构成其传统文化遗产之基本组成部分的全部文学、艺术和科学作品"。根据《发展中国家突尼斯版权示范法》规定，民间文学艺术具有如下特征：构成民间文学艺术的客体是作品，包括了文学、艺术和科学类作品；创作和传承民间文学艺术的主体是一国国民或者种族群落；民间文学艺术是传统文化遗产的组成部分，在范畴上窄于传统文化遗产。

1982年世界知识产权组织与联合国教科文组织共同颁布了《保护民间文学艺术表达免被滥用国内立法示范法》，该示范法使用了"民间文学艺术表达（expressions of folklore）"一词，并将其界定为由一个国家的某社区或由反映社区传统艺术追求的个人发展并维持的具有传统艺术遗产典型要素的成果，特别是：①言语表现形式，如民间故事、民间诗歌和谜语；②音乐表现形式，如民歌和器乐；③动作表现形式，如民间舞蹈、戏剧、典礼的艺术形式；无论是否已成为某种物质形式；④有形表现形式。根据1982年示范法，"民间文学艺术表达"被限定为具有传统"艺术"遗产典型要素的成果，而没有扩展至科学技术领域，这就使得民间文学艺术表达与狭义上的传统知识区别开来。1982年示范法所规定的"民间文学艺术表达"将不具有物质载体的"言语表现形式""音乐表现形式"与"动作表现形式"都纳入了"民间文学艺术表达"的范畴中。

在世界知识产权组织中，"传统文化表现形式"和"民间文学艺术表现形式"是可以被互换的同义语，并简称为"传统文化表现形式（TCE）"。WIPO-IGC2019年第39次会议最新达成的《保护传统文化表现形式：条款草案》将"传统文化表现形式"界定为"土著人民、当地社区和/或其他受益人在传统环境下或从传统环境中表现的传统文化做法和知识的任何形式的智力活动、经验或洞见的结果，可以是动态的、不断演变的，并且包括语音和文字形式、音乐形式、动作表现形式、物质或非物质表现形式，或者物质表现形式与非物质表现形式的组合"。与1982年示范法一致，该草案也将非物质形式的成果纳入保护范畴中,并强调传统文化表现形式的"时代变异性",即其可以是动态的、不断演变的。

我国法律文件中并没有关于民间文学艺术概念的具体界定。民间文学艺术作品的著作权保护办法由国务院另行规定。2014年《民间文艺作品著作权保护条例(征求意见稿)》将民间文学艺术作品界定为"由特定的民族、族群或者社群内不特定成员集体创作和世代传承,并体现其传统观念和文化价值的文学艺术的表达",并列举规定了如下类型:①民间故事、传说、诗歌、歌谣、谚语等以言语或者文字形式表达的作品;②民间歌曲、器乐等以音乐形式表达的作品;③民间舞蹈、歌舞、戏曲、曲艺等以动作、姿势、表情等形式表达的作品;④民间绘画、图案、雕塑、造型、建筑等以平面或者立体形式表达的作品。

(1) 民间文艺与民间文学艺术作品

《发展中国家突尼斯版权示范法》将民间文学艺术的保护限定为作品,即可以称为"民间文学艺术",要求已形成作品。WIPO的相关文件使用的则是"民间文学艺术表达""传统文化表现形式"以及"民间文学艺术表现形式"等。WIPO意在将除构成作品并通过有形形式表现出来的部分外,将通过口述等不构成作品的部分涵盖进来。由此看来,民间文艺是民间文学艺术作品的上位概念,民间文学艺术作品为民间文艺所涵摄。我国《著作权法》第6条所保护的是"民间文学艺术作品",而不是"民间文艺"。

(2) 民间文艺与传统知识

按照前述对传统知识的介绍,广义的传统知识一般包括传统社会(包括土著和当地社区)的智力和非物质文化遗产、做法和知识体系,即广义上的传统知识包括民间文学艺术表达、传统科技知识与传统标记,因此民间文艺与广义上的传统知识是种属关系。狭义的传统知识是指因传统背景下的智力活动而产生的知识,其中包括诀窍、做法、技能和创新,狭义上的传统知识主要表现为农业知识、科学知识、技术知识、生态知识、药学知识、含相关药品和疗法等。由此可见,狭义上的传统知识主要指技术类的传统知识,因此狭义上的传统知识与民间文艺是并列关系。

知识点十八 我国民间文艺的保护与利用

■ 要求:熟悉＊＊＊

我国目前没有关于民间文艺的统一立法,有关民间文艺保护与利用的规定散见于国家和地方的相关文件中。《中华人民共和国非物质文化遗产法》使用了"传统文化表现形式"一词，实际上就是民间文艺。该法所保护的不仅包括各种传统文化表现形式，也包括与传统文化表现形式相关的实物和场所。

我国多个省份也出台了有关非物质文化遗产的地方性法规。

与民间文艺联系最为紧密的国家层面的立法文件——《中华人民共和国文物保护法》《传统工艺美术保护条例》及《中华人民共和国非物质文化遗产法》以及地方性法律文件，可以发现当前立法中存在如下问题：其一，以政府管理为主，鲜少涉及民事权利确认；其二，侧重于民间文艺保护，而对民间文艺的利用缺少灵活规定，《非物质文化遗产法》对非物质文化遗产的调查、项目名录、传承与传播进行了规定，其主要目的也是更好地管理和保护民间文艺等，而不能有效地调整民间文艺的利用问题。

从民事权利视角对民间文艺有所涉及的见于《中华人民共和国著作权法》。如前所述，民间文学艺术作品的著作权保护办法由国务院另行规定，并形成了《民间文学艺术作品著作权保护条例（征求意见稿）》。该征求意见稿是在"作品"这一大的范畴下对民间文艺加以规定的，其范畴显然小于WIPO所规定的"民间文学艺术表现形式"，将一些不构成作品的民间文艺排除在了保护范围之外，且该征求意见稿至今未获得通过。

知识点十九　民间文艺的国际保护与利用

■ 要求：熟悉＊＊＊

有关民间文艺保护的统一的国际保护文件尚未形成。

《保护文学和艺术作品伯尔尼公约》于1886年制定于瑞士伯尔尼，后经多次修订并形成不同文本，我国于1992年加入该公约。该公约是最早涉及有关民间文学艺术保护问题的国际公约，但实际保护效率并不高。

1976年世界知识产权组织与联合国教科文组织制定《发展中国家突尼斯版权示范法》，为很多发展中国家的版权立法起到了示范作用，而对成员方没有强制力。

1982年联合国教科文组织和世界知识产权组织通过了《保护民间文学艺术表达免被滥用国内立法示范法》，认为在民间文学艺术表达的保护上，各国有充分的自由来选择适合其本国实际情况的保护模式，既可以是版权保护模式，也可以是特别保护模式或者邻接权模式。该法对成员方同样没有强制力。

世界知识产权组织知识产权与遗传资源、传统知识和民间文学艺术政府间委员会在2010年7月19日至23日编拟了一份传统文化表现形式条款草案，并对其进行了多次修订。最新提交讨论的条款草案为 2019 年 3 月 18 日至 22 日修订的《保护传统文化表现形式：条款草案第二次修订稿》。

知识点二十　民间文艺的保护与利用模式

■ 要求：熟悉＊＊＊

1. 版权保护模式

《保护文学和艺术作品伯尔尼公约》并没有正面回应民间文艺的保护问题，而是将之置于"匿名作品"之下，因而被称之为"匿名作品版权保护模式"。《发展中国家突尼斯版权示范法》采取的是将民间文艺单独规定为一类版权客体，有学者将其称之为"特别版权模式"。

2. 特别权利模式

将民间文艺与作品区分开来，立足于民间文艺的自身特点，在版权体系之外构建一个专门针对民间文艺的独立的法律保护体系。特殊权利模式的优势在于其能够更好地对民间文艺的自身特点加以保护。

3. 我国民间文艺法律保护模式

我国目前对民间文艺的法律保护采用的是综合性模式，有关民间文艺的保护分散在相关法律文件中，《民间文学艺术作品著作权保护条例（征求意见稿）》的出台，表明立法、司法与理论界对于这种分散式立法的观点不一，一部针对民间文艺的专门立法是众望所属。

知识点二十一　商号、商号权的概念

■ 要求：了解＊

商号定义	申请登记的企业名称，包括字号（商号），商号应由两个以上的文字组成，民族自治地方的商号可以用其民族通用的民族文字。商号主要用来区别不同的经营主体和经营活动
商号权定义	商事主体是根据法定程序取得的在一定地域范围内享有的独占使用权。具有无形性、专有性、地域性。 商号权性质的认识存在人身权说、财产权说、兼具人身权与财产权说三种观念。较为普遍的观点是认为商号权兼具人身与财产属性

知识点二十二 商号侵权行为及其法律责任

■ 要求：了解*

商号权人的权利

权利名称	内容
使用权	商号权利人可以依法自主地使用其商号
禁止权	商号一经登记，权利人享有禁止他人使用与其相同或是近似的标志
变更权	经营者享有变更其使用的商号的权利
设定权	经营者享有决定其商号的权利

侵犯商号权的行为主要表现为"混淆行为"，经营者擅自使用他人有一定影响的企业名称（包括简称、字号等）、社会组织名称（包括简称等）、姓名（包括笔名、艺名、译名等），引人误认为是他人商品或者与他人存在特定联系，构成不正当竞争行为。违反《反不正当竞争法》规定的，应当承担民事责任、行政责任和刑事责任。